중국어, 이젠 즐기세요!

JRC快乐汉语
创造美好未来

www.booksJRC.com

JRC북스 중국어 회화 시리즈

중국어 발음과 기본 문장 학습
중국어 뼈대 문장 학습

NEW 맛있는 중국어 회화 시리즈
입문·초급

맛있는 중국어
Level ❶ 上

맛있는 중국어
Level ❶ 下

맛있는 중국어
Level ❷

핵심 구문 90개 학습
듣기와 말하기 능력 집중 향상
언어 4대 영역 종합 학습

NEW 맛있는 중국어 회화 시리즈
초·중급

맛있는 중국어
Level ❸

맛있는 중국어
Level ❹

맛있는 중국어
Level ❺

재미와 감동, 문화까지 독해
어법과 어감을 통한 작문
이론과 트레이닝의 결합! 어법
60가지 생활 밀착형 회화 듣기 학습

맛있는 중국어 기본서 시리즈

맛있는 중국어
독해 ❶·❷

맛있는 중국어
작문 ❶·❷

맛있는 중국어
어법

맛있는 중국어
듣기

제대로 알고 쓰는 간체자
정확히 알고 말하는 필수 단어

맛있는 중국어 쓰기·단어

맛있는 중국어
간체자 391

맛있는 중국어
필수 단어 1400

중국인 따라잡기

중국유학 갈 때 **꼭** 가져가야 할 책

필수표현 40 上

중국유학 갈 때 **꼭** 가져가야 할 책

필수표현 40 上

초판 1쇄 발행	2006년 6월 30일
초판 6쇄 발행	2015년 1월 20일

지은이	이정아
발행인	김효정
발행처	**JRC북스**
등록번호	제300-2002-42호
영업	최정호ㅣ김영한
홍보	이지연
웹마케팅	오준석ㅣ송환웅ㅣ김희영

주소	**JRC북스** 편집부_서울 강남구 테헤란로 109, 3층
전화	**구입문의** 02.567.3861, 02.567.3837ㅣ**내용문의** 02.567.3860
팩스	02.567.2471
홈페이지	www.booksJRC.com

ISBN	978-89-95608-58-6 13720
정가	12,000원 (MP3 CD 1장 포함)

제가 중국에 있을 때 언제나 지니고 다니는 것이 있었는데 그건 바로 '수첩'입니다. 휴대하기 편한 작은 수첩을 볼펜과 함께 가지고 다녔는데 언제, 어디서 들릴지 모르는 새표현을 적기 위해서였습니다. 가끔 한자가 뭔지 잘 모르겠을 때는 병음만 소리나는 대로 적고 집에 와서 상황을 떠올리며 이 단어 저 단어를 사전에서 찾던 생각이 납니다. 이 수첩들은 아직도 제 책상 서랍에 있는데 그 당시의 추억을 떠올리며 배웠던 표현들을 다시 한번 복습하기 위해 종종 들춰봅니다. 그 때부터 외웠던 표현들이 지금의 나를 만든건 아닌지 그 수첩들이 고맙고 소중하게 느껴집니다.

수업시간에 중국어로 질문을 시키면 항상 한국말을 먼저 말해버리고 "선생님, 이런 말을 하고 싶은데 어떻게 말해야하죠?" 이렇게 말하는 학생이 있습니다. 전 그러면 말하고자 하는 한국어 표현을 우선 말해보라고 한 후 중국어로 말을 바꿔보도록 유도를 하는데 별로 어렵지 않은 문장도 표현해내지 못하는 학생을 보면 안타까움을 느낍니다. 수업시간에 많은 표현을 배우지만 정작 자신의 것으로 만들지 못해 중국어가 머릿속에만 저장된 지식 역할 밖에 못하게 된 거지요. 때로 어떤 학생들은 적당한 표현을 몰라 중국어로 말하는데 애를 먹기도 하지요. 그래서 중국어를 공부할 때 입력과 출력이 병행되지 않으면 실력이 늘 수 없고 적재적소에 맞는 표현을 구사할 수 없습니다.

머리말

중국인처럼 중국말을 잘하는 것은 그리 어려운 일은 아닙니다. 그러나 그 전제는 많은 시간과 노력을 기울여야한다는 것입니다. 첫술에 배부를 수는 없겠지요! (不能一口吃成个胖子。) 여러분이 중국어를 공부하는데 조금이나마 도움이 되기를 바라면서 이 책을 펴냈습니다. 이 책에는 초.중급자가 꼭 알아야할 필수 표현 80가지가 들어있는데 이 80가지는 중국 유학생활에서 반드시 알아야 할 표현들, 그리고 일상생활에서 알아두면 유용한 표현들입니다.

지금의 작은 습관들이 여러분의 중국어 실력을 만듭니다. 지금 이 책을 펴셨다면 외우고, 말하고, 듣는 것을 게을리 하지 마세요. 매 과에 나온 표현이 100% 여러분 것이 될 수 있도록 노력하세요. 마지막으로 이 책이 중국어에 재미와 자신감을 드릴 수 있기를 진심으로 바랍니다.

2005년 8월
이 정 아

중국인 따라잡기 필수표현 40 上

〈중국인 따라잡기 필수표현 40上·下〉은 초,중급자가 꼭 알아야 하는
중국어 회화 필수 표현 40가지로 구성되어 있습니다.

매과마다 〈맛보기 회화〉 〈필수표현〉 〈다양한 표현〉 〈필수 회화〉
〈어법포인트〉 〈연습문제〉 〈상황회화 따라잡기〉로
구성되어 있습니다.

특히, 주인공 나영이가 중국유학생활과 일상생활에서 겪는 애피소드를
중심으로 관련 필수표현을 배우게 됨으로써, 生生한 중국어 학습에
한층 재미를 더 할 것입니다.

■ 맛보기 회화

맛보기 회화를 통해 필수 표현을 미리 이해하고 넘어가세요.

■ 필수표현

중국에서 많이 사용하는 필수표현 40!
큰소리로 암기하셔서 여러분의 것으로 만들어 보세요.

■ 다양한 표현

아~ 이런 표현은 이렇게~
여러 가지 상황의 예문을 보면서 다양한 표현의 어감을 익혀보세요.

■ 필수회화

나영이가 중국에서 유학하는 동안 있었던 에피소드가 매 과마다 펼쳐집니다.
다양하고 生生한 중국어 회화를 배워 보세요.
이제는 여러분도 자신 있게 중국어를 말할 수 있습니다!

이 책의 구성

■ 어법포인트

필수회화의 주요 어법이 쉽고 자세하게 설명되어 있습니다.

■ 연습문제

리스닝도 놓칠 수 없다~
필수회화에서 익힌 내용을 점검하고 청취 능력까지 향상 시켜보세요.

■ 상황별 회화 따라잡기

이럴 때 뭐라고 말하지? 머릿속에 단어들만 하나 두 개씩 맴돈다구요?
이것만 외우시면 어떠한 상황도 자신 있게 말할 수 있습니다.

중국인 따라잡기 필수표현 40 上

이 책의 목차

주인공 나영이는 중국어를 배운지 6개월이 조금 넘었답니다.
나영이는 큰 결심을 하고, 중국유학을 떠나기로 했죠.
중국을 향한 비행기안에서 나영이의 마음은 설레임으로 가득하답니다.
나영이가 앞으로 겪게되는 재미있는 중국 이야기와 생생한 중국어는
바로 여러분의 얘기가 될 것입니다.

자, 나영이와 함께 재미있고 신나는 중국어 여행으로 떠나볼까요?

중국인 따라잡기 필수표현 40 上

谈不上很好, 不过会说一点儿

잘 한다고 할 정도는 아니지만 조금 말할 줄 알아요

01
필수표현

谈不上很好, 不过会说一点儿

잘 한다고 할 정도는 아니지만 조금 말할 줄 알아요

谈不上에서 谈은 '말하다'의 뜻이고 谈뒤에 쓰인 上은 보어로 '어떤 정도나 목표에 도달한다'는 의미입니다. 谈不上은 가능보어로 '~라고 말할 정도까지는 안 된다'는 말이고 뒷문장에는 不过, 可是, 只是 같은 말과 호응을 해서 씁니다.

A 那家饭馆的菜怎么样? 好吃吗?
　　Nà jiā fànguǎn de cài zěnmeyàng? Hǎochī ma?

　　그 식당의 음식은 어때요? 맛있나요?

B 谈不上很好吃, 不过价钱很便宜。
　　Tán bu shàng hěn hǎochī, búguò jiàqián hěn piányi.

　　맛있다고 할 정도는 아니에요, 그렇지만 가격은 싸요.

中国人　请问, 你是韩国人吧?
　　　　Qǐng wèn, nǐ shì Hánguórén ba?

娜　英　对, 我是韩国人。
　　　　Duì, wǒ shì Hánguórén.

中国人　你去中国旅游还是去留学?
　　　　Nǐ qù Zhōngguó lǚyóu háishi qù liú xué?

娜　英　我是中文系的学生, 这次是去中国留学的。
　　　　Wǒ shì zhōngwénxì de xuésheng, zhè cì shì qù Zhōngguó liúxué de.

　　　　我打算学习一年。
　　　　Wǒ dǎsuàn xuéxí yì nián.

中国人　你汉语说得很好。不用再学了。
　　　　Nǐ hànyǔ shuō de hěn hǎo. Búyòng zài xué le.

娜　英　谈不上很好, 不过会说一点儿。
　　　　Tán bu shàng hěn hǎo, búguò huì shuō yìdiǎnr.

中国人　在中国的一年里, 你一定会有不少进步。
　　　　Zài Zhōngguó de yì nián li, nǐ yídìng huì yǒu bù shǎo jìnbù.

　　　　祝你好运。
　　　　Zhù nǐ hǎo yùn.

娜　英　谢谢!
　　　　Xièxie!

 이것도 외워보세요!

还是	háishi	[A 还是 B] A 입니까 B 입니까 (선택 의문문)
进步	jìnbù	향상, 진보, 향상되다
不用	búyòng	~ 할 필요 없다

好运	hǎoyùn	좋은 운 (运气 yùnqi 운, 운수)
祝	zhù	축하하다, (문장 앞에 써서) ~을 바라다

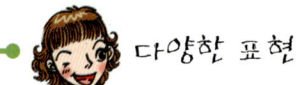
▶ 这次考试谈不上难。
Zhè cì kǎoshì tán bu shàng nán.
이번 시험은 어렵다고 말할 정도는 아니에요.

▶ 她谈不上漂亮。
Tā tán bu shàng piàoliang.
그녀는 예쁘다고 할 정도는 아니에요.

▶ 今年夏天说不上热。
Jīnnián xiàtiān shuō bu shàng rè.
금년 여름은 덥다고 말할 정도는 아니에요.

▶ 我们说不上亲密，只是认识。
Wǒmen shuō bu shàng qīnmì, zhǐshì rènshi.
우리는 친한 정도는 아니고 단지 좀 안면이 있어요.

▶ 这个工作说不上累，不过压力很大。
Zhè ge gōngzuò shuō bu shàng lèi, búguò yālì hěn dà.
이 일은 힘들다고는 못하지만 스트레스가 많아요.

▶ 唱歌我比不上她。
Chàng gē wǒ bǐ bu shàng tā.
노래 부르는 건 난 그녀와 비교가 안돼요.

 이것도 외워보세요!

说不上	shuō bu shàng	~라고 말할 정도는 아니다
比不上	bǐ bu shàng	[A 比不上 B] A는 B만 못하다 (比 비교하다)

亲密	qīnmì	사이가 좋다, 친밀하다
只是	zhǐshì	단지
压力	yālì	스트레스

 어법포인트

1. 你去中国旅游还是去留学？

A 还是 B는 'A 입니까 B 입니까'라는 의문문 형태로 만들며 선택을 나타냅니다.

예) 你两点去还是三点去？　　　당신은 2시에 가세요 아니면 3시에 가세요?

　　你坐飞机去还是坐船去？　　당신은 비행기를 타고 가세요 아니면 배를 타고 가세요?

　　你喜欢春天还是秋天？　　　당신은 봄을 좋아하세요 아니면 가을을 좋아하세요?

※ 평서문에는 쓸 수 없습니다.

　　你去还是我去。(×)　　　　당신이 가거나 제가 가거나 하지요.

2. 不用再学了

再는 부사로 '더, 재차'의 의미입니다.

不用再~는 '더 이상 ~을 할 필요가 없다'는 의미입니다.

예) 我都做完了，你不用再来了。　　제가 다 했으니 당신은 더 오실 필요 없습니다.

　　她看过几次，你不用再看了。　　그녀가 여러 번 봤습니다. 당신은 더 보실 필요 없습니다.

　　我听明白了，你不用再说了。　　저는 이해했어요, 당신은 더 말씀하실 필요 없습니다.

| 明白 míngbai 이해하다 |

3. 祝你好运

祝는 '축하한다'는 의미로 상대방이 좋은 일이 있길 바란다고 덕담이나 좋은 말을 해주고 싶을 때 문장 앞에 붙여 씁니다.

예) 祝你周末愉快！　　주말 잘 보내세요!

　　祝你成功！　　　　성공하세요!

　　祝你生日快乐！　　생일 축하해요!

| 愉快 yúkuài 즐겁다 | 成功 chénggōng 성공하다 |

 연습문제

01. 녹음을 듣고 질문에 답해보세요.

1. 娜英现在在什么地方？她要去什么地方, 做什么？

_____

2. 那个中国人是怎么样夸娜英的？

_____

02. 녹음을 듣고 빈칸을 채운 후 전체 내용을 다시 한번 말해보세요.

娜英到中国去留学。在飞机上, _____。坐在娜英旁边的是一个中国人,

_____, 就和娜英聊了一会儿。_____,

娜英听了很高兴。_____, 娜英往窗户外面看,

_____。娜英对自己说, 我已经到了中国了。

 이것도 외워보세요!

看出来	kàn chū lai	봐서 알아내다
聊	liáo	이야기하다
一会儿	yí huìr	잠시, 짧은 시간
夸	kuā	칭찬하다
就要…了	jiùyào..le	곧 ～때가 되다

往	wǎng	～을 향하여
窗户	chuānghu	창문
土地	tǔdì	땅
已经…了	yǐjing~le	이미 ～하다

상황회화 따라잡기!

대화를 시작할 때 쓰는 표현

■ 당신은 어디에서 왔습니까?

您是从哪儿来的？
Nín shì cóng nǎr lái de?

■ 당신은 고향이 어디입니까?

你老家是在哪儿？
Nǐ lǎojiā shì zài nǎr?

■ 당신은 무슨 일을 하십니까?

你做什么工作？
Nǐ zuò shénme gōngzuò?

■ 오늘 날씨가 매우 좋네요. 그렇죠?

今天天气很不错。是吧？
Jīntiān tiānqì hěn bú cuò. Shì ba?

■ 당신은 처음 한국에 왔습니까?

你第一次来韩国吗？
Nǐ dì yī cì lái Hánguó ma?

■ 당신은 한국에 대한 인상이 어떻습니까?

你对韩国的印象怎么样？
Nǐ duì Hánguó de yìnxiàng zěnmeyàng?

■ 당신은 이 곳의 생활에 습관이 되었어요?

你对这儿的生活习惯吗？
Nǐ duì zhèr de shēnghuó xíguàn ma?

大概半个小时左右

30분 정도면 아마 될 거예요

02
필수표현

大概半个小时左右

30분 정도면 아마 될 거예요

大概는 '대략, 대강'이라는 의미입니다. 수량이나 시간 혹은 상황에 대해 정확하지 않아 추정을 할 때 이 표현을 쓸 수 있습니다. 左右는 '정도, 가량'의 의미로 숫자 뒤에 쓰여 수량이 그 정도 된다는 뜻입니다.

A 今天来几个人?
Jīntiān lái jǐ ge rén?　　　　　　　　오늘 몇 명 옵니까?

B 大概5个人左右吧。
Dàgài wǔ ge rén zuǒyòu ba.　　　　　아마 5명 정도 될 거예요.

비행기에서 내린 나영이는 짐 찾는 곳을 물어보고 있다.

娜 英	不好意思, 请问一下, 我应该到哪里去取行李?
	Bù hǎo yìsi, qǐngwèn yíxià, wǒ yīnggāi dào nǎli qù qǔ xíngli?
中国人	出了海关, 到前边去取就行了。
	Chū le hǎiguān, dào qiánbianr qù qǔ jiù xíng le.
娜 英	行李大概什么时候能出来?
	Xíngli dàgài shénme shíhou néng chū lai?
中国人	大概半个小时左右。
	Dàgài bàn ge xiǎoshí zuǒyòu.
娜 英	谢谢你了。
	Xièxie nǐ le.
中国人	哪里, 没事儿。
	Nǎli, méi shìr.

이것도 외워보세요!

不好意思	bù hǎo yìsi	미안합니다, 부끄럽다	行李	xíngli	짐
请问	qǐng wèn	말씀 좀 묻겠습니다 (다른 사람에게 물어볼 때)	海关	hǎiguān	세관
取	qǔ	(맡긴 물건)찾다	没事儿	méi shìr	별거 아닙니다, 괜찮습니다

▶ 他**大概**不会来了。

Tā dàgài bú huì lái le.

그는 아마 오지 않을 거예요.

▶ 他**大概**不在家, 你别去了。

Tā dàgài bú zài jiā, nǐ bié qù le.

그는 아마 집에 없을 거예요, 가지 마세요.

▶ 汤里**大概**没放盐, 所以这么淡。

Tāng li dàgài méi fàng yán, suǒyǐ zhème dàn.

국에 소금을 안 넣었나 봐요, 그래서 이렇게 싱겁군요.

▶ 她**大概**还在睡觉, 我们先走吧。

Tā dàgài hái zài shuì jiào, wǒmen xiān zǒu ba.

그녀는 아마 아직도 잠을 자고 있나 봐요, 우리 먼저 가지요.

▶ **大概**吧? 这个我也不知道。

Dàgài ba? Zhè ge wǒ yě bù zhīdào.

아마도 그럴걸요? 이거 나도 몰라요.

▶ **大概**雨已经停了, 我们出发吧。

Dàgài yǔ yǐjīng tíng le, wǒmen chūfā ba.

아마도 비는 이미 그친 것 같네요. 우리 출발하지요.

 이것도 외워보세요!

会	huì	～ 할 것이다 (추측)	停	tíng	멈추다
淡	dàn	싱겁다	汤	tāng	국
放	fàng	넣다	盐	yán	소금

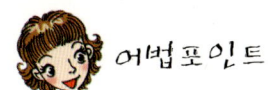

1 不好意思

'미안하다, 부끄럽다, 쑥스럽다'는 뜻이 있습니다.

예) 不好意思, 我可以坐这儿吗?　　죄송합니다만, 제가 여기 앉아도 되겠습니까?

　　不好意思, 我来晚了。　　　　　미안합니다. 제가 늦었습니다.

　　我有点不好意思说, 你跟他说吧。　제가 좀 쑥쓰러워서 그러는데 당신이 그에게 말해주세요.

2 我应该到哪里去取行李

应该는 조동사로 '～(마땅히)해야 한다'는 뜻입니다.

예) 你应该先问问他。　　　　　당신은 우선 그에게 좀 물어봐야 합니다.

　　大家应该遵守纪律。　　　　모두들 규율을 지켜야 합니다.

　　这是我应该的, 你别客气。　이것은 제가 마땅히 해야 하는 것입니다, 사양하실 것 없습니다.

| 遵守 zūnshǒu 준수하다 | 纪律 jìlǜ 규율 | 客气 kèqi 사양하다 |

3 到前边去取就行了

～就行了는 '～하기만 하면 된다'입니다. 行는 '좋다', '가능하다', '괜찮다'의 의미입니다.

예) 你去找小张就行了。　　　당신이 시아오장을 찾으면 됩니다.

　　你看一下就行了。　　　　당신이 좀 보기만 하면 됩니다.

　　行, 明天在学校门口见。　좋아요, 내일 학교 입구에서 만나죠.

 연습문제

01. 녹음을 듣고 질문에 답해보세요.

1. 娜英想，到了中国如果有不知道的，应该怎样做？

_____

2. 行李出来之前，大概要等多长时间？

_____

02. 녹음을 듣고 빈칸을 채운 후 전체 내용을 다시 한번 말해보세요.

出了海关，_____。因为是第一次到中国，所以有很

多事情娜英都不知道。娜英心里想，如果不知道，_____。

所以娜英问旁边的中国人，应该怎么办。_____。听说

只要等30分钟就可以了，_____。

 이것도 외워보세요!

海关	hǎiguān	세관	地	de	상황어가 동사 앞에서 꾸며줄 때 쓰는 조사
办法	bànfǎ	방법	只要…就	zhǐyào..jiù	단지 ～하기만 하면 된다
亲切	qīnqiè	친절하다			

상황회화 따라잡기!

길을 묻거나 찾을 때 쓰는 표현

■ 파출소는 어디에 있습니까?

派出所在什么地方?
Pàichūsuǒ zài shénme dìfang?

■ 말씀 좀 여쭐게요, 63 빌딩은 어떻게 가나요?

请问, 63大厦怎么走?
Qǐng wèn, liù sān dàshà zěnme zǒu?

■ 좀 물을게요, 이 부근에 화장실이 있습니까?

麻烦问一下, 这附近有洗手间吗?
Máfan wèn yíxià, zhè fùjìn yǒu xǐshǒujiān ma?

■ 실례합니다, 은행은 여기에서 가깝습니까?

劳驾, 银行离这儿近吗?
Láojià, yínháng lí zhèr jìn ma?

■ 저는 길치예요, 당신이 저를 데리고 가주세요.

我是个路盲, 你陪我去吧。
Wǒ shì ge lùmáng, nǐ péi wǒ qù ba.

■ 저는 어디가 어딘지 잘 모르겠네요, 저는 길을 못 찾겠네요.

我不知道哪儿是哪儿了, 我找不着北了。
Wǒ bù zhīdào nǎr shì nǎr le, wǒ zhǎo bu zháo běi le.

| 找不着北 장소를 못 찾거나 이해가 안 될 때 쓰는 관용어

■ 저는 길을 잘못 들었네요, 죄송합니다.

我走错地方了, 对不起。
Wǒ zǒu cuò dìfang le, duìbuqǐ.

| 走错 zǒu cuò 잘못 오다

■ 몇 정거장을 가야 도착하나요?

还有几站地才能到?
Hái yǒu jǐ zhàndì cái néng dào?

| 站地 zhàndì 정류장 사이의 거리에 쓰는 양사

你是从哪儿来的?

당신은 어디에서 오셨어요?

03
필수표현

你**是**从**哪儿来的**?

당신은 어디에서 오셨어요?

是...的 구문은 이미 발생한 사건에 쓰여 '시간, 장소, 목적, 방식, 대상' 등을 강조합니다.
哪儿은 '어디', '누구' 라는 의문 의미 이외에 '어떤', '어느 것' 등의 확정되지 않았거나 반문의 의미도 있습니다.

A 你**是**从**哪儿来的**?
   Nǐ shì cóng nǎr lái de?   당신은 어디에서 왔습니까?

B 我**是**从大连来**的**。
   Wǒ shì cóng Dàlián lái de.   저는 대련에서 왔습니다.

나영이는 유학생 숙소를 배정받고 자신의 방으로 갔다.
숙소에는 일본인 방짝이 있었고 둘은 인사를 나눈다.

娜 英　你好，我是从韩国来的，我叫娜英。
　　　　Nǐ hǎo, wǒ shì cóng Hánguó lái de, wǒ jiào Nàyīng.

　　　　你是从哪儿来的？
　　　　Nǐ shì cóng nǎr lái de?

同 屋　你就是我的新同屋啊。我是日本人。
　　　　Nǐ jiù shì wǒ de xīn tóngwū a. Wǒ shì Rìběnrén.

　　　　欢迎你。我叫深田。
　　　　Huānyíng nǐ.　Wǒ jiào Shēn tián.

娜 英　见到你很高兴。你也是新来的吗？
　　　　Jiàn dào nǐ hěn gāoxìng. Nǐ yě shì xīn lái de ma?

同 屋　不是。我到这儿已经半年了。
　　　　Bú shì. Wǒ dào zhèr yǐjīng bàn nián le.

娜 英　以后多帮忙。
　　　　Yǐhòu duō bāng máng.

同 屋　哪儿的话，我们互相帮助。
　　　　Nǎr de huà, wǒmen hùxiāng bāngzhù.

　　　　你先歇会儿吧。以后我们再聊。
　　　　Nǐ xiān xiē huìr ba. Yǐhòu wǒmen zài liáo.

娜 英　好吧。
　　　　Hǎo ba.

 이것도 외워보세요!

欢迎	huānyíng	환영하다	互相	hùxiāng	서로
帮忙	bāng máng	돕다	歇	xiē	쉬다
哪儿的话	nǎr de huà	무슨 말씀을요, 별 말을요	聊	liáo	얘기하다
就是	jiùshì	바로 ～이다	一会儿	yí huìr	잠시동안 (성조는 [yì huìr]로 읽어도 됩니다.)

▶ 你的家乡在哪儿？
Nǐ de jiāxiāng zài nǎr?

당신의 고향은 어디시지요?

▶ 哪儿有这样的事儿？
Nǎr yǒu zhè yàng de shìr?

어디 이런 일이 있나요?

▶ 这种东西哪儿都有。
Zhè zhǒng dōngxi nǎr dōu yǒu.

이런 물건은 어디에나 있어요.

▶ 这是哪儿的特产？
Zhè shì nǎr de tèchǎn?

이것은 어디 특산품이죠?

▶ 哪件衣服是你的？
Nǎ jiàn yīfu shì nǐ de?

어떤 옷이 당신 것인가요?

▶ 他哪天来，我也不知道。
Tā nǎ tiān lái, wǒ yě bù zhīdào.

그 사람이 언제 오는지 저는 잘 몰라요.

▶ 你想去哪儿就去哪儿。
Nǐ xiǎng qù nǎr jiù qù nǎr.

당신이 가고 싶은 곳에 가세요.

이것도 외워보세요!

| 家乡 | jiāxiāng | 고향 |
| 特产 | tèchǎn | 특산품 |

想去哪儿就去哪儿 동일한 의문대명사 哪儿이 문장의 전후에 쓰이면 동일한 장소를 나타내는데
'가고 싶은 곳'을 말합니다.

1 你是从哪儿来的

是...的는 강조 구문으로 '장소, 시간, 대상, 방식, 목적' 등을 강조 할 때 쓰는 표현으로 '이미 실현된 과거의 상황'에만 쓸 수 있습니다.

예) 你是什么时候来的？(시간)　　　　당신은 어디에서 왔습니까?

　　A:你是怎么来的？(방식)　　　　당신은 어떻게 왔습니까?

　　B:我是坐地铁来的。　　　　　　저는 지하철을 타고 왔습니다.

　　你是跟谁一起来的？(대상)　　　당신은 누구와 함께 왔습니까?

※是는 생략이 가능합니다. 단, 부정형일때는 안됩니다.

예) 我去年来的。　　　　　　　　저는 작년에 왔습니다.

　　我不是去年来的。　　　　　　저는 작년에 온 것이 아닙니다.

2 以后多帮忙

多를 동사 앞에 쓰면 '더 많이 ~ 하세요'라는 뜻입니다.

예) 你感冒了，多喝水。　　　　　　당신은 감기에 드셨어요. 물을 많이 드세요.

　　你的听力不太好，多听录音。　　당신의 청취 능력은 그다지 좋지 않습니다. 녹음을 많이 들으세요.

　　你觉得好吃，你多吃一点。　　　당신이 맛있다고 생각되면 좀 더 드세요.

ㅣ 录音 lùyīn 녹음내용 ㅣ

3 哪儿的话

칭찬이나 감사의 말을 들었을 때 화답하는 말로 '겸손한 표현'입니다.

예) A:太感谢你了。　　　　　　　너무 감사합니다.

　　B:哪儿的话，不用谢。　　　　무슨 말씀을요, 고마워하실 것 없습니다.

01. 녹음을 듣고 질문에 답해보세요.

    1. 娜英的新同屋是什么人?

    _____

    2. 她为什么让娜英先休息一会儿?

    _____

02. 녹음을 듣고 빈칸을 채운 후 전체 내용을 다시 한번 말해보세요.

_____，娜英来到了203房间。_____，除了娜英，还有一个

_____。今天第一次见面，_____。她的

同屋是日本女孩，她不是新来的，_____。

_____，所以同屋让她先休息一会儿。

 이것도 외워보세요!

宿舍	sùshè	숙소		新来的	xīn láide	새로온
钥匙	yàoshi	열쇠		左右	zuǒyòu	가량
双人房	shuāngrénfáng	이인실		一路上	yílùshàng	오는길 내내
见面	jiàn miàn	만나다				

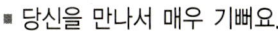

처음 만났을때 자주 쓰는 표현

■ 당신을 만나서 매우 기뻐요.

很高兴认识你。
Hěn gāoxìng rènshi nǐ.

■ 저는 그가 당신 얘기하는 것을 자주 들었어요.

我经常听他提起你。
Wǒ jīngcháng tīng tā tíqǐ nǐ.

| 提起 tíqǐ 말을 꺼내다 |

■ 우리 친구해요.

我们交个朋友吧。
Wǒmen jiāo ge péngyou ba.

■ 앞으로 많은 지도 부탁 드립니다.

以后请多多指教。
Yǐhòu qǐng duō duō zhǐjiào.

■ 앞으로 새로 온 이 신입을 잘 부탁 드립니다.

以后请多多关照我这个新人。
Yǐhòu qǐng duō duō guānzhào wǒ zhè ge xīnrén.

| 关照 guānzhào 돌보다 |

■ 당신이 바로 장사장님 이십니까? 당신을 만나게 되서 매우 영광입니다.

您就是张总啊？ 能见到您很荣幸。
Nín jiù shì Zhāng zǒng a? Néng jiàn dào nín hěn róngxìng.

| 张总 张 Zhāng 은 성이고 总 zǒng 은 사장이란 의미 |

■ 당신이 그들이 자주 얘기하던 왕 선생님이시죠?

您是他们常说的王先生吧？
Nín shì tāmen cháng shuō de Wáng xiānsheng ba?

我紧张得说不出来

저는 긴장해서 말이 안 나와요

04
필수표현

我紧张得说不出来

저는 긴장해서 말이 안 나와요

出来는 '나오다' 라는 의미 이외에도 동사 뒤에서 보어(방향보어)로 쓰여 파생된 다양한 의미가 있습니다. '방법을 강구해 내다(想出来), 만들어 내다(做出来), 봐서 알아내다' 라는 판별, 식별의(看出来)의 의미 등이 있습니다. 여기서는 안에서 밖으로 나오다 라는 뜻으로 '说不出来' 는 '말이 안 나온다'는 의미입니다.

A 你怎么了? 为什么这么安静?
Nǐ zěnme le? Wèishénme zhème ānjìng?　　너 왜 그래? 왜 이렇게 조용해?

B 我紧张得说不出来。
Wǒ jǐnzhāng de shuō bu chū lai.　　긴장해서 말이 안 나와.

첫 수업을 들은 나영이는 선생님이 하는 말을 잘 못 알아듣자 의기소침해 한다.
이때 같은 반 친구 명호가 위로를 해준다.

明浩　今天第一次上课, 感觉怎么样?
　　　Jīntiān dì yī cì shàng kè, gǎnjué zěnmeyàng?

娜英　我的听力不太好, 所以有的我听不懂。
　　　Wǒ de tīnglì bú tài hǎo, suǒyǐ yǒu de wǒ tīng bu dǒng.

　　　不过我能跟上。
　　　Búguò wǒ néng gēnshang.

明浩　我也有点吃力。不过慢慢儿来嘛。
　　　Wǒ yě yǒudiǎn chīlì. Búguò mànmānr lái ma.

娜英　可是上课时我紧张死了。
　　　Kěshì shàng kè shí wǒ jǐnzhāng sǐ le.

明浩　怎么了?
　　　Zěnme le?

娜英　老师问我问题, 我就紧张得说不出来。
　　　Lǎoshī wèn wǒ wèntí, wǒ jiù jǐnzhāng de shuō bu chū lai.

明浩　学外语要脸皮厚。不要害怕。
　　　Xué wàiyǔ yào liǎnpí hòu. Bú yào hàipà.

 이것도 외워보세요!

感觉	gǎnjué	느낌
听不懂	tīng bu dǒng	들어서 이해를 못하다
跟上	gēnshang	따라잡다
嘛	ma	(어기조사) 기대나 권고, 충고에 의미

형용사+死了	sǐ le	~해 죽겠다
吃力	chīlì	힘들다
脸皮厚	liǎnpí hòu	얼굴 두껍다
害怕	hàipà	두렵다

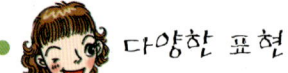
▶ 我急得说不出话来。

Wǒ jí de shuō bu chū huà lai.

저는 다급해서 말이 안 나와요.

▶ 我想不出来这是为什么。

Wǒ xiǎng bu chū lai zhè shì wèishénme.

이것은 왜 그런건지 생각이 나지 않아요.

▶ CD机坏了, 放不出来音乐。

CDjī huài le, fàng bu chū lai yīnyuè.

CD플레이어가 고장 나서 음악이 나오지 않아요.

▶ 把好吃的拿出来, 大家一起吃。

Bǎ hǎochī de ná chū lai, dàjiā yìqǐ chī.

맛있는 것을 내놓으세요, 우리 함께 먹어요.

▶ 他三天就能写出来一部小说。

Tā sān tiān jiù néng xiě chū lai yí bù xiǎoshuō.

그는 3일 만에 한 편의 소설을 써낼 수 있어요.

▶ 你变了很多, 我认不出你来了。

Nǐ biàn le hěn duō, wǒ rèn bu chū nǐ lai le.

당신은 많이 변했군요, 당신을 못 알아봤어요.

 이것도 외워보세요!

急	jí	다급하다
放音乐	fàng yīnyuè	음악을 켜다, 틀다
变	biàn	변하다
认不出来	rèn bu chū lai	(사람을) 알아 볼 수 없다

1 不过我能跟上

跟은 동사로 '뒤에서 바짝 따라잡다, 상대를 따라서'라는 뜻이 있습니다. 여기서는 '수준을 따라잡는다'는 의미로 쓰였습니다.

예) 你走慢一点, 老太太跟不上。　　당신은 좀 천천히 걸으세요. 할머니가 따라오실 수 없어요.

　　妈妈在前边走, 孩子在后边跟着。　엄마는 앞에서 가고 아이는 뒤에서 따라가고 있습니다.

　　你跟着他学汉语。　　　　　　　너는 그를 따라서 중국어를 배워라.

2 我也有点吃力

吃力는 '힘이든다'는 뜻입니다.

예) 现在一边学习, 一边工作, 我感到很吃力。

지금 공부하면서 일하는 것이 저는 힘에 부친다고 느낍니다.

　　我走了很长时间, 所以觉得很吃力。　　저는 한참을 걸어서 힘이 듭니다.

| 感到 gǎndào 느끼다 |

3 可是上课时我紧张死了

형용사 + 死了 형용사 뒤에 死了가 보어로 쓰여 정도가 굉장히 심함을 나타냅니다.

우리말의 '~해서 죽겠다'는 말과 비슷한 어감입니다.

예) 今天我一顿饭也没吃, 饿死了。　　오늘 저는 한 끼도 먹지 않아서 배가 고파 죽겠어요.

　　天气太热了, 我热死了。　　　　날씨가 너무 더워서 저는 더워 죽겠어요.

　　我感冒了, 鼻子难受死了。　　저는 감기에 걸려서 코가 괴로워 죽겠어요.

| 一顿 yí dùn 한끼 | 难受 nánshòu 괴롭다 |

 연습문제

01. 녹음을 듣고 질문에 답해보세요.

    1. 第一天上课, 老师问娜英问题, 她回答出来了吗?

    _____

    2. 同学是怎样安慰娜英的?

    _____

02. 녹음을 듣고 빈칸을 채운 후 전체 내용을 다시 한번 말해보세요.

第一天上课, 娜英感觉有点儿紧张。上课的内容, _____。

而且老师问她问题, _____。同班的同学安慰她说, 有点儿难

没关系, _____, _____。

 이것도 외워보세요!

内容	nèiróng	내용
回答不出来	huídá bù chūlai	대답해내지 못하다
安慰	ānwèi	위로하다
没关系	méi guānxi	괜찮다, 상관없다

오랜 만에 만났을 때 자주 쓰는 표현

■ 오래간만이네요.

好久不见。
Hǎo jiǔ bú jiàn.

■ 당신 가족들은 건강하시죠?

你家里人身体都好吗?
Nǐ jiā li rén shēntǐ dōu hǎo ma?

■ 시간이 정말 빨리 가네요!

时间过得真快啊!
Shíjiān guò de zhēn kuài a!

■ 시간이 눈 깜짝할 사이에 지나갔네요.

时间一眨眼就过去了。
Shíjiān yìzhǎyǎn jiù guòqu le.

| 眨 zhǎ 눈을 깜빡이다 |

■ 저는 당신을 좀 못알아보겠어요.

我有点儿认不出你来了。
Wǒ yǒudiǎnr rèn bu chū nǐ lai le.

■ 당신은 여전하네요, 조금도 변하지 않았군요.

你还是老样子,一点儿都没变。
Nǐ háishi lǎo yàngzi, yìdiǎnr dōu méi biàn.

| 老样子 lǎo yàngzi 예전 모습 |

■ 저는 계속 당신과 연락을 할 수 없었어요, 요즘 뭐가 그렇게 바쁘세요?

我一直联系不上你,你最近忙什么呢?
Wǒ yìzhí liánxì bu shàng nǐ, nǐ zuìjìn máng shénme ne?

| 联系不上 liánxì bu shàng ～와 연락이 안되다 |

8点上课，对我来说有点儿困难

8시에 수업하는 건 저한테는 좀 힘들어요

05
필수표현

8点上课，对我来说有点儿困难

8시에 수업하는 건 저한테는 좀 힘들어요

'对…来说'는 어떠한 사람이나 일의 관점이나 각도에서 말한다는 뜻입니다. '~로 말하자면, ~에게 있어서'는 이라고 해석됩니다. 对와 来说사이에 사람이나 일을 쓰면 됩니다.

A 你觉得学汉语容易吗?
Nǐ juéde xué Hànyǔ róngyì ma?

네가 느끼기에 중국어 배우는 것이 쉽니?

B 对我来说学汉语很难。
Duì wǒ lái shuō xué Hànyǔ hěn nán.

나는 중국어 배우는 것이 매우 어려워.

同屋　你一天上几节课?
Nǐ yì tiān shàng jǐ jié kè?

娜英　我一天上四节课。
Wǒ yì tiān shàng sì jié kè.

听力、口语、阅读、报刊,一共有四门课。
Tīnglì、kǒuyǔ、yuèdú、bàokān, yígòng yǒu sì mén kè.

同屋　你最喜欢哪门课?
Nǐ zuì xǐhuan nǎ mén kè?

娜英　口语课。因为说话的机会最多。
Kǒuyǔ kè. Yīnwèi shuō huà de jīhuì zuì duō.

同屋　多说话才能有进步。
Duō shuō huà cái néng yǒu jìnbù.

娜英　8点上课,对我来说有点儿困难。
Bā diǎn shàng kè, duì wǒ lái shuō yǒudiǎnr kùnnan.

同屋　我也是啊。俗话说,习惯成自然嘛。
Wǒ yě shì a. Súhuà shuō, xíguàn chéng zìrán ma.

娜英　我早晨喜欢睡懒觉,可惜现在不能睡了。
Wǒ zǎochén xǐhuan shuì lǎnjiào, kěxī xiànzài bù néng shuì le.

 이것도 외워보세요!

节	jié	수업 시간을 세는 양사
报刊	bàokān	신문 수업
门	mén	과목을 세는 양사
机会	jīhuì	기회

最	zuì	가장
俗话	súhuà	속담
睡懒觉	shuì lǎnjiào	늦잠을 자다
可惜	kěxī	아쉽다, 아깝다

▶ **对**我**来说**, 这点小事不算什么。
Duì wǒ lái shuō, zhè diǎn xiǎoshì búsuàn shénme.
저에게 이런 사소한 일은 별거 아니에요.

▶ 这样的考试**对**我**来说**太轻松了。
Zhè yàng de kǎoshì duì wǒ lái shuō tài qīngsōng le.
이런 시험은 저에게 너무 가뿐하지요.

▶ **对**我**来说**, 事业比什么都重要。
Duì wǒ lái shuō, shìyè bǐ shénme dōu zhòngyào.
저에게는 일이 무엇보다도 중요해요.

▶ **对**你**来说**没什么, 对我来说很重要。
Duì nǐ lái shuō méi shénme, duì wǒ lái shuō hěn zhòngyào.
당신한테는 별거 아니지만 저한테는 매우 중요해요.

▶ 你坐在我旁边, **对**我**来说**是一种负担。
Nǐ zuò zài wǒ páng biān, duì wǒ lái shuō shì yì zhǒng fùdān.
당신이 내 옆에 앉아있는 것이 나한테는 부담이에요.

▶ 你去还是不去, **对**我**来说**无所谓。
Nǐ qù háishi bú qù, duì wǒ lái shuō wúsuǒwèi.
당신이 가든지 안가든지 저에게는 상관없어요.

 이것도 외워보세요!

算	suàn	~인 셈이다, ~로 치다
轻松	qīngsōng	거뜬하다, 홀가분하다
重要	zhòngyào	중요하다

负担	fùdān	부담
无所谓	wúsuǒwèi	상관없다

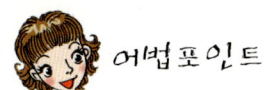 어법포인트

1 你一天上几节课?

节는 '수업의 시간을 나타내는 양사' 입니다. 门은 '시간과는 상관없이 과목을 세는 양사' 입니다.

예) 今天你有几节课?　　　　오늘 당신은 수업이 몇 시간 있어요?

　　这个学期你选了几门课?　　이번 학기에 당신은 몇 과목 선택했어요?

| 选 xuǎn 선택하다 |

2 多说话才能有进步

才는 부사로 '~해야지만이 비로소' 라는 뜻입니다. 어떤 조건이 있어야만 어떤 일이 발생함을 나타냅니다.

예) 你大点声, 奶奶才能听得清楚。　　당신이 소리를 크게 내야만 할머니가 정확하게 들으실 수 있어요.

　　多运动才能减肥。　　　　　　　많이 운동해야만 살을 뺄 수 있어요.

　　多说话才能提高你的汉语水平。　많이 말해야지만이 당신의 중국어 실력을 높일 수 있어요.

| 声 shēng 소리, 목소리 | 减肥 jiǎnféi 다이어트하다 | 提高 tígāo 향상되다 |

3 可惜现在不能睡了

可惜는 '아쉽다, 안타깝다' 는 뜻입니다. 동사로 뒤에 목적어가 올수도 있고, 형용사로 서술어가 될수도 있습니다.

예) 这么多菜吃不了就扔了, 真可惜。　이렇게 많은 음식을 먹을 수 없으면 버려요. 정말 아깝네요.

　　昨天的足球比赛很好看, 可惜你没看到。

　　　　　　　　　　　　　　어제 축구 경기는 정말 재미있었는데 당신이 못봐서 아쉬워요.

　　可惜他有事, 不能参加。　그가 일이 있어서 참가 못해 아쉽네요.

| 扔 rēng 버리다 | 参加 cānjiā 참가하다 |

 연습문제

01. 녹음을 듣고 질문에 답해보세요.

　　1. 娜英最喜欢什么课？为什么？

　　_____

　　2. 娜英有什么不适应的？

　　_____

02. 녹음을 듣고 빈칸을 채운 후 전체 내용을 다시 한번 말해보세요.

　　在这所大学里,娜英每天要上4节课，从8点开始。_____

　　_____，可以有很多机会说话。可是，早上要很早起床去上课，_____

　　_____。在韩国的时候，早上可以睡懒觉，_____。娜英想，

　　_____。

 이것도 외워보세요!

所	suǒ	학교의 양사
早	zǎo	일찍
适应	shìyìng	적응하다

상황회화 따라잡기!

헤어질 때 쓰는 표현들

■ 조금 있다가 보자!

我们回头见!
Wǒmen huítóu jiàn!

■ 우리 다음에 만나자!

我们改天见!
Wǒmen gǎitiān jiàn!

■ 몸 조심 하세요!

请保重!
Qǐng bǎozhòng!

■ 시간이 늦었네요. 저는 가야겠어요.

时间不早了, 我得走了。
Shíjiān bù zǎo le, wǒ děi zǒu le.

■ 저는 오늘 아주 재미있게 놀았어요.

我今天玩儿得很高兴。
Wǒ jīntiān wánr de hěn gāoxìng.

■ 나오지 마세요. 들어가세요.

别出来了, 留步吧。
Bié chū lái le, liúbù ba. | 留步 liúbù 나오지 마세요 |

■ 저는 나가지 않을게요. 살펴 가세요.

我就不送了, 您慢走。
Wǒ jiù bú sòng le, nín màn zǒu.

| 送 sòng 배웅하다 |

■ 시간 있으면 자주 놀러 오세요!

有时间常来玩啊!
Yǒu shíjiān cháng lái wán a!

没问题, 那就这么说定了

문제없어요. 이렇게 하기로 해요

06
필수표현

没问题,　那就这么说定了

문제없어요. 이렇게 하기로 해요

定은 동사로 결정하거나 확정한다는 뜻입니다. 定日子, 定时间은 '날을 정하다', '시간을 정하다' 라는 뜻입니다. 定은 일부 동사 뒤에서 보어로 쓰여 그 동작이 정해졌다는 의미도 됩니다.

A 我们明天5点见面怎么样?
Wǒmen míngtiān wǔ diǎn jiàn miàn zěnmeyàng?

우리 내일 다섯 시에 만나는 것 어때요?

B 行, 那就这么说定了。
Xíng, nà jiù zhème shuō dìng le.

그래요. 이렇게 하기로 하죠.

나영이는 중국 친구에게 과외 선생님을 소개받고 오늘 처음 만나게 된다.

娜 英 你好？你是路路的朋友成功吗？
Nǐ hǎo? Nǐ shì Lùlù de péngyou Chénggōng ma?

成 功 你好？见到你很高兴。
Nǐ hǎo? Jiàndào nǐ hěn gāoxìng.

娜 英 我也见到你很高兴。
Wǒ yě jiàn dào nǐ hěn gāoxìng.

我常常听路路提起你。
Wǒ chángcháng tīng Lùlù tíqǐ nǐ.

成 功 是吗？她没有说我的坏话吧。
Shì ma? Tā méiyou shuō wǒ de huàihuà ba.

娜 英 没有。她说你是她的好朋友。
Méiyou. Tā shuō nǐ shì tā de hǎo péngyou.

成 功 是，我们的关系很要好。
Shì, wǒmen de guānxi hěn yàohǎo.

娜 英 我们从什么时候开始上课呢？
Wǒmen cóng shénme shíhou kāishǐ shàng kè ne?

成 功 下星期一成吗？
Xià xīngqīyī chéng ma?

娜 英 没问题，那就这么说定了。
Méi wèntí, nà jiù zhème shuō dìng le.

 이것도 외워보세요!

提起	tíqǐ	언급하다, 얘기를 꺼내다	成	chéng	좋다, 가능하다
坏话	huàihuà	험담	没问题	méi wèntí	문제없다
要好	yàohǎo	사이가 좋다			

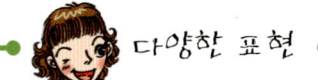
▶ 你已经**决定了**吗?

Nǐ yǐjīng juédìng le ma?

이미 결정하셨어요?

▶ 这件事已经**说定了**, 改不了。

Zhè jiàn shì yǐjīng shuō dìng le, gǎi bu liǎo.

이 일은 이미 이렇게 하기로 정했어요. 바꿀 수 없어요.

▶ 我**拿不定**主意了。

Wǒ ná bu dìng zhǔyì le.

저는 생각을 정할 수가 없어요.

▶ 这场球我们队**输定了**。

Zhè chǎng qiú wǒmen duì shū dìng le.

우리 팀이 이번 경기에 질게 뻔해요.

▶ 这件衣服, 我已经**选定了**。

Zhè jiàn yīfu, wǒ yǐjīng xuǎn dìng le.

이 옷으로 저는 결정했어요.

▶ 我们**约定**在学校门口见面。

Wǒmen yuēdìng zài xuéxiào ménkǒu jiàn miàn.

우리 학교 입구에서 만나기로 약속했어요.

 이것도 외워보세요!

改不了	gǎi bu liǎo	바꿀 수 없다
主意	zhǔyì	생각 (실제 발음 할때는 zhú 로 읽음)
输	shū	지다
约定	yuēdìng	약속하다

1 我常常听路路提起你

提는 '말을 꺼내다'라는 뜻이고 起는 보어입니다.

听A提起你하면 A에게서 당신 이야기를 들었다는 말입니다.

예) 你别跟我提这件事, 我不想听。　　당신은 제게 이 말 꺼내지 마세요, 저는 듣고 싶지 않아요.

你别提了, 我不想说。　　말 꺼내지도 마세요. 저 말하기 싫어요.

我经常听他提起你，见到你很高兴。　　저는 그에게서 자주 얘기를 들었어요. 만나게 되서 기쁘네요.

2 我们的关系很要好

要好는 '사이가 좋다'는 말입니다.

예) 她是我最要好的朋友。　　그녀는 나의 가장 친한 친구입니다.

我们俩从小就很要好。　　우리 둘은 어려서부터 사이가 좋았습니다.

她不是很要好的朋友。　　그녀는 친한 친구가 아닙니다.

3 我们从什么时候开始上课呢？

从…开始+동사 '~로부터 어떤 일을 시작하다'입니다.

예) 她从上个月开始锻炼身体。　　그녀는 지난 달부터 운동을 하기 시작했습니다.

我从明天开始去打工。　　저는 내일부터 아르바이트를 하러 갑니다.

她从下个星期开始去练瑜伽。　　그녀는 다음 주부터 요가를 배울겁니다.

∣ 打工 dǎgōng 아르바이트 ∣ 练瑜伽 liàn yújiā 요가를 하다 ∣

01. 녹음을 듣고 질문에 답해보세요.

    1. 娜英的新辅导老师是谁？

    _____

    2. 他们打算从什么时候开始上课？

    _____

02. 녹음을 듣고 빈칸을 채운 후 전체 내용을 다시 한번 말해보세요.

娜英的朋友路路_____，今天第一次见面。娜英

的新辅导老师叫成功，他是路路的朋友。娜英觉得成功还可以。

_____，从下个星期一开始上课。_____，娜英开始

_____。

 이것도 외워보세요!

辅导	fǔdǎo	과외 지도하다
商量	shāngliang	상의하다
送	sòng	배웅하다
期待	qīdài	기대하다

상황회화 따라잡기!

소개할 때 쓸 수 있는 표현

- 이 사람은 누구입니까?

  这个人是谁？

  Zhè ge rén shì shéi?

- 자기 소개를 해주세요.

  请你们做个自我介绍。

  Qǐng nǐmen zuò ge zìwǒ jièshào.

- 서로 통성명 좀 하세요.

  你们认识一下。

  Nǐmen rènshi yíxià.

- 제 소개를 하겠어요. 저는 小美입니다.

  自我介绍一下，我叫小美。

  Zìwǒ jièshào yíxià, wǒ jiào Xiǎo Měi.

- 제가 소개 할께요.

  我来介绍一下。

  Wǒ lái jièshào yíxià.

- 저를 明明이라 불러 주세요. 이건 저의 애칭입니다.

  你们叫我明明，这是我的小名。

  Nǐmen jiào wǒ Míngming, zhè shì wǒ de xiǎomíng.

  小名 xiǎomíng 집에서 애칭처럼 부르는 이름

- 이 아름다우신 분은 누구시죠? 저에게 소개 좀 시켜 주세요.

  这大美女是谁？你给我介绍认识一下。

  Zhè dà měinǚ shì shéi? Nǐ gěi wǒ jièshào rènshi yíxià.

坐公共汽车去需要多长时间?

버스 타고 가는데 얼마나 시간이 걸리나요?

07
필수표현

坐公共汽车去需要多长时间?

버스 타고 가는데 얼마나 시간이 걸리나요?

需要는 '필요(명사), 필요로 하다(동사)'의 뜻을 가지고 있습니다. 필요하지 않을 때는 不需要라고 말하면 됩니다.

A 坐飞机去北京需要多长时间?
Zuò fēijī qù Běijīng xūyào duōcháng shíjiān?

비행기 타고 북경 가는데 시간이 얼마나 걸려요?

B 需要两个小时, 挺近的。
Xūyào liǎng ge xiǎoshí, tǐng jìn de.

두 시간 정도 걸려요. 매우 가까워요.

나영이와 반 친구 명호는 버스를 타고 천안문에 가려고 한다.

娜 英　**去天安门我们应该坐几路车？**
Qù Tiān'ānmén wǒmen yīnggāi zuò jǐ lù chē?

明 浩　**他们说应该坐23路车。**
Tāmen shuō yīnggāi zuò èrshí sān lù chē.

娜 英　**坐公共汽车去需要多长时间？**
Zuò gōnggòng qìchē qù xūyào duōcháng shíjiān?

明 浩　**大概20分钟就可以了。**
Dàgài èrshí fēnzhōng jiù kěyǐ le.

　　　　正好来了一辆，我们上车吧。
Zhènghǎo lái le yíliàng, wǒmen shàng chē ba.

娜 英　**车里人真多，挤死了。**
Chē li rén zhēn duō, jǐ sǐ le.

明 浩　**你忍一会儿吧，一会儿就到了。**
Nǐ rěn yíhuìr ba, yíhuìr jiù dào le.

 이것도 외워보세요!

路	lù	노선, 번		挤	jǐ	붐비다
可以	kěyǐ	된다, 가능하다		忍	rěn	참다, 인내하다
正好	zhènghǎo	때마침		一会儿	yíhuìr	잠시동안, 잠깐

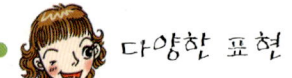
▶我 需要 一本词典。
Wǒ xūyào yì běn cídiǎn.
저는 사전 한 권이 필요해요.

▶我们 需要 像你这样的人。
Wǒmen xūyào xiàng nǐ zhèyàng de rén.
우리는 당신 같은 사람이 필요해요.

▶这件事 需要 好好儿考虑。
Zhè jiàn shì xūyào hǎohāor kǎolǜ.
이 일은 충분히 고려해야 해요.

▶汽车 需要 修理一下。
Qìchē xūyào xiūlǐ yíxià.
차를 좀 수리해야 해요.

▶你病得很厉害, 需要 好好儿休息。
Nǐ bìng de hěn lìhai, xūyào hǎohāor xiūxi.
병이 매우 심각 해요, 충분히 휴식을 취하세요.

▶这件事不 需要 多说了。
Zhè jiàn shì bù xūyào duō shuō le.
이 일은 더 말할 필요가 없어요.

▶我自己可以做, 不 需要 的你帮助。
Wǒ zìjǐ kěyǐ zuò, bù xūyào nǐ de bāngzhù.
제가 혼자 할 수 있어요, 당신의 도움은 필요없어요.

 이것도 외워보세요!

考虑	kǎolǜ	고려하다
修理	xiūlǐ	수리하다
厉害	lìhai	심하다, 심각하다

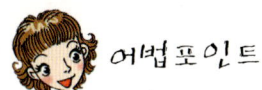

1 正好来了一辆，我们上车吧

正好는 '사건, 시간, 수량, 위치' 등이 매우 적합하고 알맞음을 나타냅니다.

예) 我想找个人出去，正好你来了。 저는 사람을 찾아서 밖에 나가고 싶었는데 마침 당신이 왔어요.

你看，不多也不少，正好三斤。 보세요, 많지도 적지도 않고 딱 3근이예요.

中号的衣服，我穿正好。 중간 사이즈의 옷이 저한테 딱 맞습니다.

2 车里人真多，挤死了

挤는 사람이 많고 붐비는 것을 말합니다. 또는 붐비는 곳을 비집고 들어간다고 할 때도 쓸 수 있습니다. 차 안이 붐빌 때를 중국인은 '沙丁鱼罐头 [shādīngyú guàntou] 정어리 통조림'에 비유합니다.

예) 早上坐地铁，挤死人了，就像沙丁鱼罐头一样。

아침에 전철을 탔는데 너무나 붐볐어요, 마치 콩나물 시루 같았어요.

车上人太多，我怎么挤也没挤上车。

차에 사람이 너무 많아서 아무리 비집고 들어가려고 해도 차에 올라탈 수 없었어요.

3 你忍一会儿吧

忍은 '참다, 인내하다'라는 뜻으로 住가 보어로 잘 쓰입니다.

예) 打针的时候，孩子忍住疼，没哭。 주사를 맞을 때 아이는 아픔을 참고 울지 않았습니다.

我忍了半天，实在忍不住。 저는 한참을 참았지만 정말이지 참을 수 없었습니다.

| 打针 dǎ zhēn 주사맞다 |

연습 문제

01. 녹음을 듣고 질문에 답해보세요.

　　1. 去天安门坐什么车？需要多长时间？

　　　　_____

　　2. 上了车，娜英为什么后悔？

　　　　_____

02. 녹음을 듣고 빈칸을 채운 후 전체 내용을 다시 한번 말해보세요.

娜英和同学打算坐公共汽车去天安门。_____，她们问过别的同学，

去天安门应该坐23路公共汽车。_____，可是今天车里的

人很多，_____。上了车，_____，_____。

 이것도 외워보세요!

出发	chūfā	출발하다	特别	tèbié	매우
之前	zhīqián	~하기 전에	后悔	hòuhuǐ	후회하다
虽然… 可是	suīrán ~ kěshì	비록~이지만	~就好了	jiù hǎo le	~하면 좋을 것이다
拥挤	yōngjǐ	붐비다			

대화를 끝낼 때 쓰는 표현

• 그럼 이렇게 해요. 저 갑니다.

那就这样吧, 我走了。
Nà jiù zhèyàng ba, wǒ zǒu le.

• 그럼 이렇게 하기로 하죠.

那就这么着吧。
Nà jiù zhème zhāo ba.

• 좋아요, 저 돌아가야겠어요.

好了, 我该回去了。
Hǎo le, wǒ gāi huíqu le.

• 제가 해야 할 말은 모두 다 했어요.

我该说的都说了。
Wǒ gāi shuō de dōu shuō le.

• 입이 아플 정도로 얘기했으니 말하지 않겠어요.

说得我嘴都累了, 不说了。
Shuō de wǒ zuǐ dōu lèi le, bù shuō le.

• 저는 이미 분명하게 얘기했어요.

我已经说得很清楚了。
Wǒ yǐjīng shuō de hěn qīngchu le.

• 제가 할 말은 이것들이 다예요. 모두 무슨 의견이 있나요?

我要说的就这些, 大家还有什么意见?
Wǒ yào shuō de jiù zhèxiē, dàjiā hái yǒu shénme yìjiàn?

我可找不开

저는 거슬러 드릴 수가 없네요

08
필수표현

我可找不开
저는 거슬러 드릴 수가 없네요

找는 '찾다, 거슬러 주다'의 뜻이 있는데 여기서는 '잔돈을 거슬러 준다'는 의미입니다. 开가 보어로 쓰여서 확대 되거나 넓혀진다는 의미입니다.

A 你有零钱吗？我只有大票。
　　Nǐ yǒu língqián ma? Wǒ zhǐyǒu dàpiào.　　　잔돈 있으세요? 제가 지폐뿐이네요.

B 我有，我能找得开。
　　Wǒ yǒu, wǒ néng zhǎo de kāi.　　　　　　있네요. 거슬러 드릴 수 있어요.

娜 英　请问, 到天安门得买多少钱的票?
Qǐngwèn, dào Tiān'ānmén děi mǎi duōshao qián de piào?

售票员　三块钱。要几张?
Sān kuài qián. yào jǐ zhāng?

娜 英　两张。
Liǎng zhāng.

我们没带零钱, 100块钱找得开吗?
Wǒmen méi dài língqián, yìbǎi kuài qián zhǎo de kāi ma?

售票员　我可找不开。
Wǒ kě zhǎo bu kāi.

娜 英　是吗? 那我再找找看, 有没有零钱。
Shì ma? Nà wǒ zài zhǎozhao kàn, yǒu méiyǒu língqián.

再问一下儿, 到天安门还有几站?
Zài wèn yíxiàr, dào Tiān'ānmén hái yǒu jǐ zhàn?

售票员　还有7站。
Hái yǒu qī zhàn.

娜 英　到站的时候, 您可以告诉我们一声吗?
Dào zhàn de shíhou, nín kěyǐ gàosu wǒmen yìshēng ma?

售票员　好的。
Hǎo de.

 이것도 외워보세요!

零钱	língqián	잔돈 (大票 지폐)		一声	yì shēng	한마디 말
带	dài	지니다 , 가지다		可	kě	강조용법
站	zhàn	정거장				

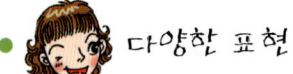

▶ 这个门打不开了。
Zhè ge mén dǎ bu kāi le. 이 문을 열 수가 없어요.

▶ 我现在很忙, 我走不开。
Wǒ xiànzài hěn máng, wǒ zǒu bu kāi. 제가 지금 너무 바빠서 갈 수가 없어요.

▶ 这个抽屉拉不开了。
Zhè ge chōuti lā bu kāi le. 이 서랍을 열 수가 없어요.

▶ 风太大了, 我眼睛都睁不开了。
Fēng tài dà le, wǒ yǎnjing dōu zhēng bu kāi le. 바람이 너무 세요, 눈을 뜰 수가 없어요.

▶ 扣子解不开了。
kòuzi jiě bu kāi le. 단추를 풀 수가 없어요.

▶ 工作太忙, 我脱不开身。
Gōngzuò tài máng, wǒ tuō bu kāi shēn. 일이 너무 바빠서, 몸이 빠져 나올 수가 없어요.

▶ 我吃饭时, 离不开泡菜。
Wǒ chī fàn shí, lí bu kāi pàocài. 저는 밥을 먹을 때, 김치 없으면 안되요.

 이것도 외워보세요!

抽屉	chōuti	서랍
睁开	zhēng kāi	눈을 뜨다
扣子	kòuzi	단추
脱不开身	tuō bu kāi shēn	바빠서 몸을 못 빼다, 바빠서 못 움직이다
泡菜	pàocài	김치

1 到天安门得买多少钱的票

得는 조동사로 '해야 한다'는 뜻입니다.

예) 我得完成任务。 　　　　　　　　　저는 임무를 완성해야 합니다.

　　 这个箱子太重, 得三个人搬。 　　　 이 상자는 너무 무거워서 세 사람이 운반해야 합니다.

　　 想取得好成绩, 平时就得努力。 　　 좋은 성적을 얻고 싶으면 평소에 노력해야 합니다.

| 箱子 xiāngzi 상자 | 取得 qǔdé 얻다 |

2 我们没带零钱

带는 '지니다, 가지다'는 의미입니다.

예) 我的钱包忘带了。 　　　　　　　　저는 지갑을 잊고 안 가져왔습니다.

　　 这次出差不要带行李。 　　　　　　이번 출장에는 짐을 가져오지 마세요.

　　 我不带照相机去, 你带上吧。 　　　저는 사진기를 가져가지 않겠습니다. 당신이 가져가세요.

3 您可以告诉我们一声吗?

一声은 '소리가 나오는 횟수'를 나타내는 양사입니다.

예) 电话响了几声, 可是没人接电话。 　전화가 여러 번 울렸는데 아무도 전화를 받지 않았습니다.

　　 你走之前, 跟我说一声。 　　　　　당신이 떠나기 전에 저한테 한마디 말해주세요.

　　 我喊了你几声, 你没听见吗? 　　　제가 당신을 여러 번 소리쳐 불렀는데 당신은 못 들었나요?

| 接 jiē 받다 | 喊 hǎn 소리지르다 |

 연습문제

01. 녹음을 듣고 질문에 답해보세요.

1. 她们拿100块钱买票，售票员说什么？

_____

2. 她们不知道在哪里下车，有什么办法？

_____

02. 녹음을 듣고 빈칸을 채운 후 전체 내용을 다시 한번 말해보세요.

今天娜英和朋友要去天安门。_____，他们坐公共汽车去。

_____，坐车的时候遇到了一点儿_____。售票员找不开

100块，她们_____再找找看。他们是_____去天安门，不知道应该在

哪里下车，所以他们_____。

 이것도 외워보세요!

省钱	shěngqián	돈을 절약하다	只好	zhǐhǎo	어쩔 수 없이
遇到	yùdào	(우연히) 만나다. 마주치다.	请A帮忙	qǐng A bāng máng	A에게 도움을 청하다
麻烦	máfan	귀찮다. 성가시다.			

안부를 물을 때 쓰는 표현

- 언니한테 안부 전해주세요.

问你姐姐好。

Wèn nǐ jiějie hǎo.

- 저 대신 어머니께 안부 전해 주세요.

请替我问候你妈妈。

Qǐng tì wǒ wènhòu nǐ māma.　　　替 tì 대신에

- 당신의 가족들은 모두 안녕하신가요?

你家里人都好吗？

Nǐ jiā li rén dōu hǎo ma?

- 요즘 일은 순조로우신 가요?

最近工作顺利吗？

Zuìjìn gōngzuò shùnlì ma?

- 병이 차도가 있으신지요? 빨리 건강을 회복하시길 빌어요.

你的病好些了吗？ 祝你早日康复。

Nǐ de bìng hǎo xiē le ma? Zhù nǐ zǎorì kāngfù.

- 요즘 어떻게 지내세요? 무슨 좋은 소식 있으세요?

你最近过得怎么样？ 有什么好消息吗？

Nǐ zuìjìn guò de zěnmeyàng? Yǒu shénme hǎo xiāoxi ma?

到前边拐弯就是留学生宿舍了

앞으로 가셔서 커브를 돌면 바로 유학생 기숙사입니다

09
필수표현

到前边拐弯就是留学生宿舍了
앞으로 가셔서 커브를 돌면 바로 유학생 기숙사입니다

就是는 '바로 ~이다' 라는 뜻으로 가리키는 것을 강조 할 때 씁니다. 또 다른 의미로는 문장의 끝에 쓰여서 '~하면 되는거다' 망설이거나 주저할 필요 없다는 의미도 있습니다. 이때는 문미에 了를 함께 씁니다.

A 请问, 办公室在哪儿?
　　Qǐngwèn, bàngōngshì zài nǎr?

실례지만, 사무실이 어디에요?

B 到前边拐弯就是。你看到了吗?
　　Dào qiánbian guǎiwān jiùshì. Nǐ kàn dào le ma?

앞에 가셔서 커브를 돌면 바로에요. 보이세요?

나영이는 천안문 구경을 마치고 돌아오는 길에 쇼핑센터에서 물건을 잔뜩 산 후 택시를 잡아탔다.

司 机 **您好, 你要到哪儿?**
Nín hǎo, nǐ yào dào nǎr?

娜 英 **请去一下儿北师大, 我住留学生宿舍。**
Qǐng qù yíxiàr BěishīDà, wǒ zhù liúxuéshēng sùshè.

司 机 **好咧!**
Hǎo lie!

(차가 학교입구 가까이 도착한다)

司 机 **北师大到了, 进了校门再怎么走啊?**
BěishīDà dào le, jìn le xiàomén zài zěnme zǒu a?

娜 英 **一直往前走, 到前边拐弯就是留学生宿舍了。**
Yìzhí wǎng qián zǒu, dào qiánbian guǎiwān jiùshì liúxuéshēng sùshè le.

停在路边上就行了。
Tíng zài lùbiānshang jiù xíng le.

司 机 **一共是39块。**
Yígòng shì sānshí jiǔ kuài.

娜 英 **谢谢您。 这是40块, 不用找钱了。**
Xièxie nín. zhè shì sìshí kuài, búyòng zhǎo qián le.

司 机 **谢谢您了, 您慢走!**
Xièxie nín le, nín màn zǒu!

 이것도 외워보세요!

往	wǎng	~을 향하다
拐弯	guǎiwān	커브를 꺾다
路边上	lùbiānshang	길가
慢走	màn zǒu	천천히 가세요

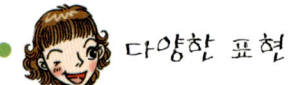

▶ 这位就是我们系的王教授。
Zhè wèi jiùshì wǒmen xì de wáng jiàoshòu.

이분이 바로 우리 과 왕 교수님 이세요.

▶ 这就是我说的那本小说。
Zhè jiùshì wǒ shuō de nà běn xiǎoshuō.

이것이 바로 내가 말한 그 소설이에요.

▶ 这个沙发打开就是一张床。
Zhè ge shāfā dǎ kāi jiùshì yì zhāng chuáng.

이 소파는 펼치면 바로 침대가 됩니다

▶ 走到里面就是我的房间。
Zǒu dào lǐmian jiùshì wǒ de fángjiān.

안쪽으로 들어가면 바로 제 방이에요.

▶ 盒子里边就是我给你买的礼物。
Hézi lǐbian jiùshì wǒ gěi nǐ mǎi de lǐwù.

상자 안에 바로 제가 당신에게 줄 선물이 있어요.

▶ 我打电话就是想说说这事儿。
Wǒ dǎ diànhuà jiùshì xiǎng shuōshuo zhè shìr.

제가 전화해서 바로 이 일을 말하고 싶었어요.

▶ 别说了, 我以后努力学习就是了。
Bié shuō le, wǒ yǐhòu nǔlì xuéxí jiùshì le.

말하지 마세요, 제가 이후에 열심히 공부하면 되잖아요.

 이것도 외워보세요!

打开	dǎ kāi	열다, 꺼내다
盒子	hézi	상자
礼物	lǐwù	선물

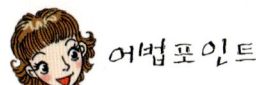 어법포인트

1 一直往前走

一直는 '계속, 줄곧' 이라는 뜻입니다. 그러나 미래를 나타내는 의미로는 쓸 수 없습니다.

예) 你一直往前走, 就到我家了。　　당신은 계속 앞으로 가시면 우리 집에 도착 할 것입니다.

　　我一直想上那所大学。　　저는 줄곧 그 대학에 들어가고 싶었습니다.

　　我以后一直努力学习。(X)　　저는 이후에 계속 열심히 공부할 것입니다. (继续 jìxù를 써야 함)

2 一共是39块

一共은 '수량의 합계'를 말합니다.

예) 一共去了五个人。　　전부 5명이 갔습니다.

　　我们班一共有25个人。　　우리 반에는 전부 25명이 있습니다.

　　这里一共是50块钱, 都给你。　　여기에 전부 50위안이 있습니다. 모두 당신에게 드릴게요.

연습문제

01. 녹음을 듣고 질문에 답해보세요.

　　1. 进了校门，留学生宿舍应该怎么走？

　　　_____

　　2. 商场离学校远吗？车费大概需要多少钱？

　　　_____

02. 녹음을 듣고 빈칸을 채운 후 전체 내용을 다시 한번 말해보세요.

在 _____，娜英打算坐出租车回学校。进了校门，出租车司

机不知道留学生宿舍在哪里，娜英告诉他到前边一拐 _____。商场

_____，_____回来要39块钱，可娜英觉得 _____，所以娜

英对司机说 _____。

 이것도 외워보세요!

商场	shāngchǎng	상점
离	lí	~로 부터(시간이나 거리를 나타낼 때 쓰는 개사)
打车	dǎ chē	차를 잡아타다
一点儿都不	yìdiǎnr dōu bù	조금도 ~하지 않다

운전하거나 차를 탈 때 자주 쓰는 표현들

- 너무 빨리 차를 몰지 마세요, 무서워요.

  别开得太快，我害怕。
  Bié kāi de tài kuài, wǒ hài pà.

- 앞쪽에 빨간 불이요, 빨리 차를 세우세요.

  前边红灯亮了，快停车。
  Qiánbian hóngdēng liàng le, kuài tíng chē.

  | 亮 liàng 밝다, 켜지다 |

- 안전벨트 매세요.

  把安全带系上。
  Bǎ ānquándài jì shang.

  | 系 jì 매다, 묶다 |

- 버스에 타면 카드를 대세요.

  你坐公车要打卡。
  Nǐ zuò gōngchē yào dǎ kǎ.

- 차 문을 꼭 닫으세요.

  您把车门关严。
  Nín bǎ chē mén guān yán.

  | 严 yán 틈이 없이, 꽉 |

- 차 사고 조심하세요.

  小心出了车祸。
  Xiǎoxīn chū le chēhuò.

  | 车祸 chēhuò 교통사고 |

- 앞쪽에 차가 심하게 밀립니다.

  前边堵车堵得很。
  Qiánbian dǔ chē dǔ de hěn.

- 앞에 건물에서 잠깐 세우세요, 저 거기서 내릴게요.

  到前边的大楼踩一脚，我在那儿下。
  Dào qiánbian de dàlóu cǎi yì jiǎo, wǒ zài nàr xià.

  | 踩 cǎi 밟다 | 踩一脚 cǎi yì jiǎo 브레이크를 밟다, 세우다 |

我们还是坐小公共汽车吧

우리 아무래도 미니 버스를 타는 게 낫겠어요

10
필수표현

我们还是坐小公共汽车吧

우리 아무래도 미니 버스를 타는 게 낫겠어요

还是는 비교를 거쳐서 어떤 행동이나 사물이 비교적 낫다는 의미입니다.
우리 말로는 '아무래도 ~하는 것이 낫다', '~하는 것이 좋겠다'고 해석하시면 됩니다.

A 你也跟我们一起走吗?
　　Nǐ yě gēn wǒmen yìqǐ zǒu ma?　　　　　당신도 우리와 함께 가시나요?

B 不, 你们还是先走吧。
　　Bù, nǐmen háishi xiān zǒu ba.　　　　　아니요. 당신들이 아무래도 먼저 가세요.

娜 英	今天我们去颐和园,就坐小公共去吧。	

Jīntiān wǒmen qù Yíhéyuán, jiù zuò xiǎo gōnggòng qù ba.

明 浩 我们还是坐公共汽车吧。

Wǒmen háishi zuò gōnggòngqìchē ba.

娜 英 为什么?坐小公共很方便。

Wèishénme? Zuò xiǎo gōnggòng hěn fāngbiàn.

招手就停,在哪里下车都可以。

Zhāoshǒu jiù tíng, zài nǎli xià chē dōu kěyǐ.

明 浩 小公共又挤又矮,我坐小公共有点晕车。

Xiǎo gōnggòng yòu jǐ yòu ǎi, wǒ zuò xiǎo gōnggòng yǒudiǎn yùnchē.

娜 英 是这样。

Shì zhèyàng.

不过坐公共汽车的话,还要换车。

Búguò zuò gōnggòngqìchē dehuà, hái yào huàn chē.

那多麻烦啊。

Nà duō máfan a.

明 浩 是吗? 那我随你的意见。

Shì ma? Nà wǒ suí nǐ de yìjiàn.

 이것도 외워보세요!

招手	zhāo shǒu	손을 흔들다		矮	ǎi	키가 작다, 천장이 낮다
晕车	yùnchē	차멀미 나다		换	huàn	바꾸다
随	suí	따르다		意见	yìjiàn	의견

▶ 我们还是别去了。
Wǒmen háishi bié qù le.
우리 아무래도 가지 말아요.

▶ 我不喜欢猪肉, 我们还是吃牛肉吧。
Wǒ bù xǐhuan zhūròu, wǒmen háishi chī niúròu ba.
나는 돼지고기 싫어해요. 우리 소고기 먹어요.

▶ 太贵了, 我们还是别买了。
Tài guì le, wǒmen háishi bié mǎi le.
너무 비싸요, 우리 아무래도 사지 말아요.

▶ 孩子多了太吵, 还是一个孩子好。
Háizi duō le tài chǎo, háishi yí ge háizi hǎo.
아이가 많으면 시끄러워요. 역시 아이는 하나인 것이 좋아요.

▶ 我见过很多女人, 还是你最好。
Wǒ jiànguò hěn duō nǚrén, háishi nǐ zuì hǎo.
저는 많은 여자들을 봐왔지만 당신이 최고예요.

▶ 听说这部电影没意思, 我们还是别看了。
Tīngshuō zhè bù diànyǐng méiyìsi, wǒmen háishi bié kàn le.
이 영화는 재미 없다던데, 우리 보지 말아요.

이것도 외워보세요!

猪肉	zhūròu	돼지고기
牛肉	niúròu	소고기
吵	chǎo	시끄럽다
还是	háishi	아무래도

1 小公共又挤又矮

又 A 又 B 는 '두가지의 상황 혹은 특성이 동시에 존재함' 을 나타냅니다.

예) 孩子们非常高兴, 又唱又跳。　　　　아이들은 매우 기뻐서 노래 부르며 뜁니다.

那家饭馆的菜又好吃又便宜。　　　　그 식당의 음식은 맛있고 쌉니다.

那儿又干净又凉快, 让人觉得很舒服。　거기는 깨끗하고 서늘해서 사람을 참 편하게 합니다.

ㅣ 干净 gānjìng 깨끗하다 ㅣ

2 不过坐公共汽车的话, 还要换车

~的话는 가정구로 '만일 ~라면' 이라는 뜻입니다.

예) 你有决心的话, 汉语一定能学好。　　당신이 결심만 있다면 중국어는 분명히 마스터 할 수 있습니다.

你不放心的话, 可以给他打电话问问。　당신이 안심이 안되면 그에게 전화해서 물어봐도 좋습니다.

机票买不到的话, 我就不去了。　　　비행기표를 사지 못하면 저는 가지 않겠습니다.

3 那我随你的意见

随는 '따르다' 혹은 '마음대로 하다' 라는 의미가 있습니다.

예) 这次我随你的意思。　　이번에 나는 당신의 뜻을 따르겠습니다.

你就随他的意思做吧 。　당신은 그의 의견대로 하면 됩니다.

去不去, 随你吧。　　　가든 말든 당신 마음입니다.

ㅣ 意思 yìsi 뜻, 의미 ㅣ

 연습문제

01. 녹음을 듣고 질문에 답해보세요.

    1. 娜英想坐什么车? 为什么?

    _____

    2. 坐公共汽车为什么麻烦?

    _____

02. 녹음을 듣고 빈칸을 채운 후 전체 내용을 다시 한번 말해보세요.

    娜英听说颐和园的 _____, 就找她的同学和她一起去。娜英想坐小公共

汽车, 因为很方便。可是她的同学不喜欢坐小公共汽车。_____ 坐公共汽车

要 _____, 有点儿麻烦, 所以她们 _____ 决定坐小公共。

 이것도 외워보세요!

景色	jǐngsè	경치
因为	yīnwèi	왜냐하면
最后	zuìhòu	마지막에는
决定	juédìng	결정하다

상황회화 따라잡기!

잘 모르거나 이해가 가지 않을 때
쓸 수 있는 표현

■ 이것은 저도 분명하지 않네요, 다른 사람에게 물어 보세요.

这个我也不清楚, 你问别人吧。
Zhè ge wǒ yě bù qīngchu, nǐ wèn biéren ba.

■ 저는 이것이 무슨 뜻인지 이해가 안돼요.

我不明白这是什么意思。
Wǒ bù míngbai zhè shì shénme yìsi.

■ 당신의 말을 알아들을 수 없어요.

我听不懂你说的话。
Wǒ tīng bu dǒng nǐ shuō de huà.

■ 다시 한번 말씀해 주실 수 있나요?

请你再说一遍, 好吗?
Qǐng nǐ zài shuō yí biàn, hǎo ma?

■ 모르는데 아는 척 하지 마세요.

你不要不懂装懂。
Nǐ búyào bù dǒng zhuāng dǒng.

| 装 zhuāng ~인 척하다 |

■ 거기의 상황이 어떻게 되었는지 저는 몰라요.   我不知道那边的情况怎么样了。
Wǒ bù zhīdào nàbiān de qíngkuàng zěnmeyàng le.

爱女朋友六大守则

一：女朋友绝对不会有错。

二：如果发现女朋友有错，一定是我看错。

三：如果我没看错，一定是因我的错，才害女朋友犯错。

四：如果是女朋友自己的错，只要她不认错，那就是我的错。

五：如果女朋友不认错，我还坚持她有错，那就是我的错。

六：总之，女朋友绝对不会犯错，这句话一定不会有错。

　　请问您…爱女朋友的六大守则到底是谁的错…啊…！

여자친구를 사랑하는 6대 원칙

하나: 여자친구는 절대로 실수할 리가 없다.

둘 ： 만약 여자친구가 실수한 것을 발견했다면, 반드시 내가 잘못 본 것이다.

셋 ： 만약 내가 잘못 본 것이 아니라면, 반드시 나의 잘못으로 인해, 여자친구가 실수한 것이다.

넷 ： 만약 여자친구의 잘못이라도, 그녀가 잘못을 인정한 것이 아니라면, 그것은 바로 나의 잘못이다.

다섯: 만약 여자친구가 잘못을 인정하지 않았는데도, 내가 끝까지 그녀가 잘못했다고 한다면, 그것은 바로 나의 잘못이다.

여섯: 어쨌든, 여자친구는 절대로 실수할 리가 없다, 이 말은 절대로 틀리지 않는다.

　　여자친구를 사랑하는 6가지 수칙은 도대체 누구의 잘못이라는 건가요~ 이런~~!!!

守则	shǒuzé	수칙,규정	认错	rèncuò	잘못을 인정하다	到底 dàodǐ 도대체
害	hài	방해하다, 해를 입히다	坚持	jiānchí	견지하다	
犯错	fàncuò	실수하다	总之	zǒngzhī	한마디로	

车 票

有三个工程师和三个会计一起去外地开会, 上火车时三个会计买了三张车票, 而三个工程师却只买了一张票, 会计很不解, 工程师说: "上了车你们就知道了"。

火车刚一开动三个工程师就挤进了一个厕所, 列车员开始检票最后走到了厕所外边, 她敲了一下门说: "检票"。然后门开了一个小缝, 从里面递出一张车票。

在外地开完会后在返回的时候会计们觉得工程师们的方法很不错。于是也只买了一张车票, 而这次工程师一张票也没有买, 会计们又很不解, 工程师还是说: "上了车你们就明白了"。

上车之后三个会计挤进了一个厕所, 而三个工程师挤进了车厢另一边的厕所, 火车开动不久, 一个工程师从厕所里走来, 来到了会计们的厕所外面, 敲了一下门说: "检票"。

기 차 표

기술자 셋과 회계사 셋이 함께 다른 지방에서 있는 회의를 위해 기차에 올랐다. 회계사 셋은 세 장의 기차표를 샀지만 기술자 세 명은 표 한 장만 샀다. 회계사가 궁금해 하자 기술자는 말했다.

"기차에 오르면 알 수 있을 거요."

기차가 막 출발하자 좁은 화장실 한 칸으로 기술자 셋이 들어가 버렸다. 역무원이 검표를 시작하고 얼마지 않아 화장실의 문 밖에 다다랐고 문을 두드렸다.

"검표 하겠습니다."

그러자 화장실 문이 조금 열리더니 안에서 기차표 한 장을 역무원에게 건넸다.

회의를 마치고 다시 돌아가는데 회계사들은 기술자들의 그 방법이 꽤 괜찮아 보였다. 그래서 그들도 표를 한 장만 샀다. 그런데 기술자들은 이번에는 아예 기차표를 한 장도 안 사는 것이다. 회계사들이 또 궁금해 하자 기술자들은 전과 똑같이 말했다.

"차에 타면 알게 될 거요."

차에 오르고 나서 회계사 셋은 화장실 한 칸으로 비집고 들어갔고 기술자 셋은 다른 쪽 화장실로 들어갔다. 기차가 운행한지 얼마 안돼서 기술자 한 명이 화장실에서 나와 회계사들이 들어간 화장실 앞으로 걸어왔다.

문을 두드리면서 이렇게 말했다.

"검표요!"

工程师	gōngchéngshī	엔지니어	厕所	cèsuǒ	화장실	递	dì	건네주다
会计	kuàijì	회계사	检票	jiǎnpiào	검표	返回	fǎnhuí	돌아가다
却	què	오히려	缝	fèng	구멍	车厢	chēxiāng	차칸

我们怕太多吃不了

우리는 너무 많아서 먹을 수가 없을까봐요

11
필수표현

我们怕太多吃不了

우리는 너무 많아서 먹을 수가 없을까봐요

怕은 동사 일 때 두가지 의미가 있습니다. 하나는 '두렵다' 의미이고 또 하나는 '~할까봐 걱정된
다'는 의미입니다. 吃不了는 '양이 많아서 못 먹겠다'는 뜻입니다.

A 菜太多, 我怕吃不了。
Cài tài duō, wǒ pà chī bu liǎo.

음식이 너무 많아서 저는 못 먹겠어요.

B 你吃不了, 那就别吃了。
Nǐ chī bu liǎo, nà jiù bié chī le.

못 먹겠으면 그럼 드시지 마세요.

나영이는 이화원 구경을 다 마치고 명호와 식당에 들어가 음식을 주문한다.

服务员　您好, 两位吗? 您要什么?
　　　　Nín hǎo, liǎng wèi ma? Nín yào shénme?

娜　英　请把菜单拿给我看一下好吗?
　　　　Qǐng bǎ càidān ná gěi wǒ kàn yíxià hǎo ma?

服务员　给您。
　　　　Gěi nín.

娜　英　来一份麻婆豆腐和一份鱼香肉丝, 要小盘的。
　　　　Lái yí fèn mápódòufu hé yí fèn yúxiāngròusī, yào xiǎo pán de.

　　　　我们怕太多吃不了。
　　　　Wǒmen pà tài duō chī bu liǎo.

服务员　好的, 您还要来别的吗?
　　　　Hǎo de, nín hái yào lái bié de ma?

娜　英　再来两碗米饭, 就这些吧。先上米饭, 行吗?
　　　　Zài lái liǎng wǎn mǐfàn, jiù zhèxiē ba. Xiān shàng mǐfàn, xíng ma?

服务员　您稍等, 马上就来。
　　　　Nín shāo děng, mǎshàng jiù lái.

 이것도 외워보세요!

菜单	càidān	메뉴판	上	shàng	(음식)올리다
麻婆豆腐	mápódòufu	마포또우푸	稍	shāo	조금만
鱼香肉丝	yúxiāngròusī	위씨앙로우쓰	来	lái	식당에서 买나 要대신 사용
小盘	xiǎopán	작은 접시	就	jiù	바로
再	zài	더, 다시	马上	mǎshàng	곧, 즉시

▶ 我怕你听不懂。

Wǒ pà nǐ tīng bu dǒng.
당신이 못 알아들을까봐 걱정되네요.

▶ 我怕你迟到, 所以给你打电话。

Wǒ pà nǐ chídào, suǒyǐ gěi nǐ dǎ diànhuà.
저는 당신이 지각할까봐 당신에게 전화했어요.

▶ 我怕下雨, 所以带了雨伞。

Wǒ pà xià yǔ, suǒyǐ dài le yǔsǎn.
비가 올까봐 그래서 내가 우산을 가져왔어.

▶ 我怕丢了, 我帮你收起来了。

Wǒ pà diū le, wǒ bāng nǐ shōu qǐlai le.
잃어버릴까봐 당신 대신 챙겨뒀어요.

▶ 你为什么这样怕他?

Nǐ wèishénme zhèyàng pà tā?
당신은 왜 이렇게 그를 무서워해요?

▶ 我不喜欢夏天, 因为我怕热。

Wǒ bù xǐhuan xiàtiān, yīnwèi wǒ pà rè.
저는 여름을 싫어해요, 왜냐하면 저는 더위를 타기 때문이에요.

▶ 我不怕冷, 你穿我的外衣吧。

Wǒ bú pà lěng, nǐ chuān wǒ de wàiyī ba.
전 추위를 타지 않으니 제 외투를 입도록 해요.

 이것도 외워보세요!

迟到	chídào	지각하다
收起来	shōu qǐlai	챙기다
丢	diū	잃어버리다
帮	bāng	돕다, ~대신

1 来一份麻婆豆腐和一份鱼香肉丝, 要小盘的

여기서 来는 '어떤 동작, 행동을 하다' 라는 의미로 어떤 동사를 대신해서 쓸 수 있습니다.

예) 你唱得很好, 再来一个。(来 = 唱) 당신은 노래를 잘 부르시네요. 한곡 더 부르세요.

请给我来杯咖啡。(来 = 给) 커피 한 잔 주세요.

他的酒量很大，再来一瓶啤酒吧。(来 = 点) 그의 주량은 셉니다. 맥주 한 병 더 시키세요.

| 酒量 jiǔliàng 주량 |

2 我们怕太多吃不了

동사+不了 에서 不了 는 가능보어이며 了가 完의 의미로 쓰여 '다 완성할 수 없다' 의미입니다.
不了 는 완성의 의미 외에 일의 가능성이 없음을 나타내기도 합니다.
긍정형은 동사+得(de)了로 씁니다.

예) 太多了, 我们喝不了。 너무 많아서 우리는 다 마실 수 없습니다.

今天的工作有点多, 我一个人做不了。 오늘의 일은 조금 많아서 저 혼자는 할 수 없습니다.

明天我有别的事, 明天的课我去不了。 내일 저는 다른 일이 있어서 내일 수업에 저는 갈 수 없습니다.

我没钱, 买不了这件衣服。 저는 돈이 없어서 이 옷을 살 수 없습니다.

3 再来两碗米饭，就这些吧

再는 여기서는 '더', '좀 더' 의 의미입니다.

예) 你的裙子再长一点儿就好了。 당신의 치마가 좀 더 길었다면 좋겠네요.

如果你没吃饱, 你就再吃一个吧。 만일 당신이 배가 부르지 않다면 하나 더 드세요.

这件衣服有点儿大, 还有再小一点儿的吗? 이 옷은 조금 크네요, 더 작은 옷 또 있나요?

01. 녹음을 듣고 질문에 답해보세요.

　　1. 娜英和同学点了什么菜?

　　_____

　　2. 她们为什么要了小盘的?

　　_____

02. 녹음을 듣고 빈칸을 채운 후 전체 내용을 다시 한번 말해보세요.

> 娜英和同学今天 _____ 去颐和园, 他们觉得那儿的建筑很漂亮。所以
>
> _____, 照了很多照片。娜英和同学
>
> _____, 中午 _____, 就来到一家饭店吃点儿东西。娜英喜欢吃麻婆豆腐和
>
> 鱼香肉丝。他们 _____, 就 ___ 了小盘的。走了一上午, 娜英很
>
> 饿, 就 _____, 先吃一点儿。

 이것도 외워보세요!

建筑	jiànzhù	건축물	担心	dānxīn	걱정하다
景色	jǐngsè	경치	点	diǎn	주문하다
转	zhuàn	돌아다니다	上	shàng	음식을 상에 올리다
家	jiā	상점의 양사			

주문이나 식당에 관련된 표현

■ 당신네 식당은 배달되나요?

你们饭馆可以送饭吗？
Nǐmen fànguǎn kěyǐ sòng fàn ma?

■ 이 음식들을 포장해주실 수 있나요?

这些菜可以打包吗？
Zhèxiē cài kěyǐ dǎbāo ma?

■ 우리에게 추천 좀 해주세요.

你向我们推荐一下。
Nǐ xiàng wǒmen tuījiàn yíxià.

| 向 xiàng ~를 향해서, ~에게 |

■ 안에 '시앙차이'를 넣지 마세요, 가능하죠?

在里面不要放香菜，行吗？
Zài lǐmian búyào fàng xiāngcài, xíng ma?

| 香菜 xiāngcài 는 중국인이 좋아하는 야채 |

■ 우리 음식을 배달 시켜먹는게 어때요?

我们叫外卖吃，怎么样？
Wǒmen jiào wàimài chī, zěnmeyàng?

| 外卖 wàimài 배달시키다 |

■ 밥 하는 거 너무 귀찮은데, 우리 나가서 먹어요.

做饭很麻烦，我们下馆子吃吧。
Zuòfàn hěn máfan, wǒmen xià guǎnzi chī ba.

| 下馆子 xià guǎnzi 식당에 가서 먹다 |

■ 저는 조금 더 추가했으면 좋겠어요.

我还想添一点儿。
Wǒ hái xiǎng tiān yìdiǎnr.

| 添 tiān 첨가하다 |

■ 냅킨 좀 갖다 주세요.

请拿张餐巾纸。
Qǐng ná zhāng cānjīnzhǐ.

| 张 zhāng 장(넓고 평평한 것을 세는 양사) |

挺不错的, 就是有点腻

꽤 괜찮긴 한데 단지 조금 느끼해요

12
필수표현

挺不错的, 就是有点腻

꽤 괜찮긴 한데 단지 조금 느끼해요

就是는 '只是'의 의미와 비슷하며 '단지', '근데'로 해석됩니다. 그리고 약한 전환의 의미를 나타내며 대부분 뒷문장의 맨 앞에 씁니다.

A 这件衣服怎么样?
Zhè jiàn yīfu zěnmeyàng?   이 옷 어때요?

B 挺不错的, 就是小了点儿。
Tǐng búcuò de, jiùshi xiǎo le diǎnr.   괜찮긴 한데 단지 좀 작아요.

明 浩 **菜的味道怎么样？**
Cài de wèidao zěnmeyàng?

娜 英 **挺不错的，就是有点腻。**
Tǐng búcuò de, jiùshi yǒudiǎnr nì.

明 浩 **是吗？我觉得中国菜很合我的口味。**
Shì ma? Wǒ juéde Zhōngguócài hěn hé wǒ de kǒuwèi.

我觉得都很香。
Wǒ juéde dōu hěn xiāng.

娜 英 **看来你吃得惯中国菜。**
Kànlai nǐ chī de guàn Zhōngguócài.

明 浩 **好像是吧。**
Hǎoxiàng shì ba.

娜 英 **中国菜好吃是好吃，不过没有泡菜，我还是不过瘾。**
Zhōngguócài hǎochī shì hǎochī, búguò méiyǒu pàocài, wǒ háishi bú guòyǐn.

明 浩 **那你以后吃饭时带泡菜来吧。**
Nà nǐ yǐhòu chī fàn shí dài pàocài lái ba.

 이것도 외워보세요!

味道	wèidao	음식의 맛	吃得惯	chī de guàn	음식이 입맛에 맞는다
腻	nì	느끼하다	好像	hǎoxiàng	마치 ~ 것 같다
合~口味	hé ...kǒuwèi	~의 입맛에 맞다	过瘾	guòyǐn	(취미, 기호) 만족을 느끼다, 성에 차다
香	xiāng	맛이 있다, 향기롭다			

▶ 这儿的风景不错, 就是人太多。
Zhèr de fēngjǐng búcuò, jiùshi rén tài duō.
여기의 풍경은 좋은데 단지 사람이 너무 많아요.

▶ 菜的味道很好, 就是咸了点儿。
Cài de wèidao hěn hǎo, jiùshi xián le diǎnr.
음식의 맛은 괜찮은데 조금 짜요.

▶ 你来做也可以, 就是怕你做不好。
Nǐ lái zuò yě kěyǐ, jiùshi pà nǐ zuò bu hǎo.
당신이 와서 해도 되는데 단지 잘 못할까봐 걱정돼요.

▶ 你的想法很有创意, 就是做起来太难。
Nǐ de xiǎngfǎ hěn yǒu chuàngyì, jiùshi zuò qǐlai tài nán.
당신의 생각은 매우 창의적인데 단지 하기에 너무 어려워요.

▶ 我也想穿名牌, 就是没钱。
Wǒ yě xiǎng chuān míngpái, jiùshi méi qián.
저도 유명 메이커 옷을 입고 싶은데 단지 돈이 없어요.

▶ 我也想谈恋爱, 就是没时间。
Wǒ yě xiǎng tán liàn'ài, jiùshi méi shíjiān.
저도 연애를 하고 싶은데 단지 시간이 없어요.

이것도 외워보세요!

咸	xián	짜다	想法	xiǎngfǎ	생각
创意	chuàngyì	창의력	谈恋爱	tán liàn'ài	연애하다
名牌	míngpái	유명메이커			

1 看来你吃得惯中国菜

看 뒤에 来가 붙어서 '어떤 방면에 대한 추측과 판단'을 나타냅니다.

예) 看来他不想参加, 别让他来。　보니까 그는 참가하고 싶어하지 않네요. 그를 오라고 하지 마세요.

看来她今年有三十岁。　보니까 그녀는 올해 30살인 것 같네요.

看来要下雨了, 你带伞吧。　보니까 비가 올 것 같네요. 우산을 가져가세요.

| 伞 sǎn 우산 |

2 好像是吧了

好像은 '마치 ~ 인것 같다'는 뜻으로 어떤 모습이 ~과 비슷하다고 할 때나 주관적인 추측에 쓰입니다. 뒤에 一样과 함께 쓰기도 합니다.

예) 今天好像春天一样, 一点也不冷。　오늘은 마치 봄 같습니다. 조금도 춥지 않아요.

她们的关系, 好像母亲和女儿。　그녀들의 사이는 마치 어머니와 딸 같습니다.

我不想吃饭, 好像病了。　저는 밥을 먹고 싶지 않아요. 병에 걸린 것 같아요.

| 关系 guānxi 사이 |

3 中国菜好吃是好吃, 不过没有泡菜, 我还是不过瘾

A是A는 양보의 의미로 'A이긴 A한테'로 해석되며, 뒷문장에는 不过, 可是, 就是등의 전환의 어기를 나타내는 단어가 나옵니다.

예) 我喜欢是喜欢, 不过我不经常打麻将。　저는 좋아하기는 하지만 자주 마작을 하지는 않습니다.

这个东西便宜是便宜, 可是质量不太好。

이 물건은 싸기는 하지만 그러나 품질이 그다지 좋지 않습니다.

他人好是好, 就是花钱花得太多。　그는 사람은 좋기는 좋지만 단지 돈을 너무 많이 씁니다.

| 打麻将 dǎ májiàng 마작하다 | 质量 zhìliàng 품질 | 花钱 huā qián 돈을 쓰다 |

 연습문제

01. 녹음을 듣고 질문에 답해보세요.

    1. 娜英觉得菜的味道怎么样？

    _____

    2. 这个时候娜英最想吃什么？

    _____

02. 녹음을 듣고 빈칸을 채운 후 전체 내용을 다시 한번 말해보세요.

_____，两个人都饿了，所以马上就开始吃了。娜英的同学

很喜欢菜的味道_____，_____。同学说这

就是北方菜的特点。_____，_____。

可是娜英觉得如果吃饭的时候没有泡菜，就不好吃了。

    _____。

 이것도 외워보세요!

上来	shànglái	음식이 나오다	泡菜	pàocài	김치
咸	xián	짜다	怀念	huáiniàn	그리워하다
特点	tèdiǎn	특징			

상황회화 따라잡기!

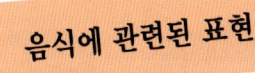

음식에 관련된 표현

- 이 요리의 맛은 참 좋네요.

这个菜的味道挺不错的。
Zhè ge cài de wèidao tǐng búcuò de.

- 이 요리를 저는 이전에 먹어 본 적이 없어요.

这个菜我以前没尝过。
Zhè ge cài wǒ yǐqián méi cháng guo.

| 尝 cháng 맛보다 |

- 더워 죽겠어요, 당신 집에는 시원한 음료수가 있습니까?

热死了, 你家里有没有冰镇的饮料?
Rè sǐ le, nǐ jiāli yǒu méiyǒu bīngzhèn de yǐnliào?

| 冰镇 bīngzhèn 차가운, 시원한 |

- 이 국은 너무 뜨거우니 먼저 좀 식힌 다음 드세요.

这个汤太烫了, 先凉一凉再喝。
Zhè ge tāng tài tàng le, xiān liáng yi liáng zài hē.

| 凉 liáng 식히다 |

- 음식을 좀 맵게 만들어 주세요. 저는 매운 음식을 좋아하거든요.

菜做得辣一点儿, 我喜欢吃辣的。
Cài zuò de là yìdiǎnr, wǒ xǐhuan chī là de.

- 저는 짭짤한 음식을 좋아해요, 음식을 할 때 소금을 좀 더 넣으세요.

我口重, 做菜多放点儿盐。
Wǒ kǒuzhòng, zuò cài duō fàng diǎnr yán.

| 口重 kǒuzhòng 입맛이 맵고 짠 것을 좋아함 |

- 우리 중국 음식 먹을까요 아니면 양식을 먹을까요?

咱们去吃中餐, 还是吃西餐?
Zánmen qù chī zhōngcān, háishi chī xīcān?

光好看不行，味道也得好

모양만 예뻐서는 안되고 맛이 좋아야죠

13
필수표현

光好看不行, 味道也得好
모양만 예뻐서는 안되고 맛이 좋아야죠

光은 부사로 동사나 형용사 앞에 쓰여서 '다른 일은 안하고 ~만 하거나', '~밖에 없다' 는 의미를 나타냅니다.

A 我在减肥呢，所以我不吃饭。
Wǒ zài jiǎnféi ne, suǒyǐ wǒ bù chī fàn.

다이어트 중이어서 밥 안 먹어요.

B 光不吃饭不行，要运动。
Guāng bù chī fàn bù xíng, yào yùndòng.

안 먹는 것만으로는 안되고 운동을 해야지요.

나영이는 선생님댁에 초대 받아서 갔는데 처음 중국인의 집에서 밥을 먹는다.

娜 英 **怎么做了这么多菜？**
Zěnme zuò le zhème duō cài?

老 师 **是吗？做多了, 你多吃点儿, 别剩下。**
Shì ma? Zuò duō le, nǐ duō chī diǎnr, bié shèngxia.

娜 英 **这些菜看起来一定很好吃。**
Zhè xiē cài kàn qǐlai yídìng hěn hǎochī.

老 师 **中国菜讲究色、香、味俱全。**
Zhōngguócài jiǎngjiu sè, xiāng, wèi jùquán.

光好看不行, 味道也得好。
Guāng hǎokàn bù xíng, wèidao yě děi hǎo.

娜 英 **今天我真是大饱口福了。都是我爱吃的。**
Jīntiān wǒ zhēn shi dàbǎokǒufú le. Dōu shì wǒ ài chī de.

老 师 **是吗？太好了。那你别客气。**
Shì ma? Tài hǎo le. Nà nǐ bié kèqi.

 이것도 외워보세요!

剩下	shèngxia	남기다			
看起来	kàn qǐlai	보아하니, 起来가 동사 뒤에 쓰여 추측의 의미를 나타냄.			
讲究	jiǎngjiu	중시하다, 신경쓰다	大饱口福	dàbǎokǒufú	먹을 복이 있다
俱全	jùquán	다 갖추다	客气	kèqi	예의가 바르다. 사양하다

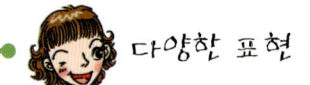

다양한 표현

▶光长得漂亮有什么用？还得聪明。
Guāng zhǎng de piàoliang yǒu shénme yòng? Hái děi cōngming.

예쁘기만 한 게 무슨 소용이에요? 똑똑해야지요.

▶你光生气有什么用？
Nǐ guāng shēng qì yǒu shénme yòng?

화만 낸다고 무슨 소용이에요?

▶你别光哭不说话呀。
Nǐ bié guāng kū bù shuō huà ya.

울지만 말고 말을 해 봐요.

▶你别光喝酒不吃菜呀。
Nǐ bié guāng hē jiǔ bù chī cài ya.

술만 마시지 말고 안주도 먹어요.

▶你别光看着人家，说几句话啊。
Nǐ bié guāng kàn zhe rénjia, shuō jǐ jù huà a.

다른 사람만 쳐다보고 있지 말고 말 좀 해요.

▶别光想着玩，该做的事情做好了再玩。
Bié guāng xiǎng zhe wán, gāi zuò de shìqing zuò hǎo le zài wán.

놀 생각만 하지 말고 해야 할 일을 다 한 후에 놀거라.

 이것도 외워보세요!

生气	shēng qì	화가 나다
哭	kū	울다
想着	xiǎng zhe	~생각을 하고 있다
人家	rénjiā	다른사람 (제3자)

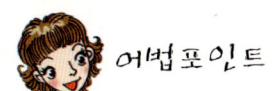

어법포인트

1 中国菜讲究色、香、味俱全

讲究는 동사로 쓰면 '중시하다, 신경쓴다'는 뜻입니다.

예) 他非常讲究信用。　　　　　　　　　　그는 매우 신용을 중시합니다.

在公共场所，我们都要讲究礼貌。　　공공장소에서 우리는 예의를 신경써야 합니다.

中国人特别讲究饮食。　　　　　　　　중국인은 먹는 것을 특히 중시합니다.

| 信用 xìnyòng 신용 | 礼貌 lǐmào 예의 | 饮食 yǐnshí 음식, 먹는 것 |

2 今天我真是大饱口福了

口福는 먹을 복 이라는 뜻으로 大饱口福는 '먹을 복이 불렀다'라는 말로 먹을 복이 있을 때 이런 말을 씁니다. 口福 말고 眼福, 耳福이라는 말이 있습니다. 복은 福气라고 말합니다.

예) 你真有口福, 这是我刚买来的蛋糕, 你也吃吧。

　　　　　　　　너는 정말 먹을 복이 있구나. 이건 내가 막 사 온 케이크야. 너도 먹어봐.

你要请客? 我今天可以大饱口福了。　　네가 한턱 낸다고? 나 오늘 먹을 복 터졌다.

这正是我喜欢的歌儿, 我今天真有耳福。　이건 바로 내가 좋아하는 노래야. 오늘 귀가 아주 즐겁겠네.

| 正 zhèng 바로 |

3 那你别客气

客气는 '예의가 바르다', '겸손하다', '사양하다'는 의미 등이 있습니다.

예) 他对人很客气。　　　　　　　　　　그는 사람들에게 예의 바르게 대합니다.

你不是很有名的作家吗? 你也太客气了。

　　　　　　　　　　　　당신은 유명한 작가 아닌가요? 당신도 너무 겸손하시네요.

你别客气。我们俩谁跟谁呀?　　　　사양하지마세요. 우리가 어떤 사이입니까?

| 我们俩谁跟谁呀 친한 사이를 일컫는 관용어 |

 연습문제

01. 녹음을 듣고 질문에 답해보세요.

    1. 娜英和同学们去哪里做什么?

    _____

    2. 老师做的菜很好吃, 所以娜英想干什么?

    _____

02. 녹음을 듣고 빈칸을 채운 후 전체 내용을 다시 한번 말해보세요.

    娜英的老师 _____ 娜英和同学们到她家 _____。老师做了很多菜, 看起来都

    很好吃。这些菜都是娜英喜欢吃的, 所以今天娜英 _____。

    娜英尝了一下, 觉得 _____ 饭店里做的 _____。娜英觉得老师的 _____

    _____, 所以想 ____ 老师 _____。

 이것도 외워보세요!

邀请	yāoqǐng	초대하다
尝	cháng	맛보다
比…多了	bǐ…duō le	~보다 훨씬 ~하다
手艺	shǒuyì	솜씨

상황회화 따라잡기!

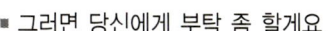

부탁할 때 쓸 수 있는 표현

■ 그러면 당신에게 부탁 좀 할게요.

那就拜托你了。
Nà jiù bàituō nǐ le.

■ 부모님에게 알리지 마세요. 부탁 드릴게요.

你别告诉我的父母, 求你了。
Nǐ bié gàosu wǒ de fùmǔ, qiú nǐ le.

■ 내 대신에 강아지 좀 돌봐줄 수 있나요?

你能不能帮忙照看一下我的狗?
Nǐ néng bu néng bāng máng zhàokàn yíxià wǒ de gǒu?

| 照看 zhàokàn 돌보다(동물, 사람) |

■ 이 일을 당신에게 맡길게요. 신경 좀 써주세요.

这件事就交给您了, 请您多费心。
Zhè jiàn shì jiù jiāo gěi nín le, qǐng nín duō fèixīn.

| 费心 fèixīn 신경을 쓰다 |

■ 귀찮으시겠지만 제 대신 물어봐 주시겠어요?　麻烦你帮我问一下, 行吗?
Máfan nǐ bāng wǒ wèn yíxià, xíng ma?

■ 이 일은 당신이 처리하도록 맡길게요. 정성을 기울여 주세요.

这件事就交给你办了, 你多用点儿心。
Zhè jiàn shì jiù jiāo gěi nǐ bàn le, nǐ duō yòng diǎnr xīn.

| 用心 yòng xīn 정성을 쓰다 |

如果不吃烤鸭，那就太遗憾了

만일 오리구이를 먹지 않는다면 너무 아쉬울 거예요

14
필수표현

如果不吃烤鸭，那就太遗憾了
만일 오리구이를 먹지 않는다면 너무 아쉬울 거예요

如果는 가정을 나타내는 구문입니다. 如果를 앞 문장 쓰고 뒷 문장에는 就, 那么가 호응을 해서 옵니다. 비슷한 단어로는 要是가 있는데 如果가 要是보다는 좀 정식적인 느낌이 듭니다.

A 今天晚上我不能去了。
　　Jīntiān wǎnshang wǒ bù néng qù le.　　　　　　　오늘 저녁에 나는 갈 수 가 없겠어.

B 是吗？如果你不能去, 那真是太遗憾了。
　　Shì ma? Rúguǒ nǐ bù néng qù, nà zhēn shi tài yíhàn le.　　정말? 만일 네가 갈 수 없다면 너무 아쉽다.

나영이는 북경의 특색있는 음식이 무엇일까 생각하다 방짝에게 물어본다.
방짝은 나영이에게 북경오리구이를 먹으러 가자고 제안한다.

娜	英	我想吃一种有北京特色的菜。
		Wǒ xiǎng chī yì zhǒng yǒu Běijīng tèsè de cài.
		你推荐一下。
		Nǐ tuījiàn yíxià.
同	屋	你吃过北京烤鸭吗?
		Nǐ chī guo Běijīng kǎoyā ma?
娜	英	我还没有啊。
		Wǒ hái méiyǒu a.
同	屋	那今天我带你去吃吧。
		Nà jīntiān wǒ dài nǐ qù chī ba.
		来北京如果不吃烤鸭, 那就太遗憾了。
		Lái Běijīng rúguǒ bù chī kǎoyā, nà jiù tài yíhàn le.
娜	英	我们去哪儿吃呢?
		Wǒmen qù nǎr chī ne?
同	屋	全聚德的烤鸭最有名了。
		Quánjùdé de kǎoyā zuì yǒumíng le.
娜	英	那儿的烤鸭那么好吃吗?
		Nàr de kǎoyā nàme hǎochī ma?
同	屋	当然啊。可能你吃了忘不了。
		Dāngrán a. Kěnéng nǐ chī le wàng bu liǎo.

 이것도 외워보세요!

烤鸭	kǎoyā	오리구이	遗憾	yíhàn	아쉽다, 유감이다
推荐	tuījiàn	추천하다	忘不了	wàng bu liǎo	잊을 수 없다
特色	tèsè	특색			

 다양한 표현

▶ **如果**他也来, 那**就**好了。
Rúguǒ tā yě lái, nà jiù hǎo le.

만약 그도 온다면 너무 좋지요.

▶ **如果**你不舒服, **就**不用来上课了。
Rúguǒ nǐ bù shūfu, jiù bú yòng lái shàng kè le.

만약 몸이 안 좋으면 수업에 올 필요 없어요.

▶ **如果**被他知道了, 那**就**完了。
Rúguǒ bèi tā zhīdào le, nà jiù wán le.

만약 그가 알게 된다면 끝장이에요.

▶ **如果**你想来, 那**就**来吧。
Rúguǒ nǐ xiǎng lái, nà jiù lái ba.

당신이 오고 싶으시면 오세요.

▶ **要是**一个人去, 那**就**没意思了。
Yàoshi yí ge rén qù, nà jiù méi yìsi le.

만약 혼자 간다면 재미없겠지요.

▶ **要是**出了什么事, 怎么办?
Yàoshi chū le shénme shì, zěnme bàn?

만일 무슨 일이 생기면 어떡해요?

▶ **要是**你有困难, **就**来找我。
Yàoshi nǐ yǒu kùnnan, jiù lái zhǎo wǒ.

만일 당신에게 어려움이 생긴다면 저를 찾아오세요.

 이것도 외워보세요!

不舒服	bù shūfu	불편하다
被	bèi	~에 의해서(피동문)
困难	kùnnan	곤란, 어려움

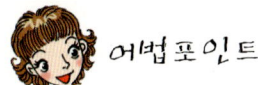

1 你推荐一下

동사 뒤에 一下를 써서 '동작의 시간이 짧거나 가볍게 해본다는 의미'를 나타냅니다.

예) 回家以后复习一下今天学过的内容。　　　집에가서 오늘 배운 내용을 복습하세요.

　　这本书你看一下, 很好看。　　　이 책 한번 보세요. 매우 재미있어요.

　　你来一下, 我给你看一下我小时候的照片。　　와보세요. 제가 어렸을 때 사진을 보여줄게요.

| 内容 nèiróng 내용 |

2 你吃过北京烤鸭吗?

过는 동사 뒤에 쓰여서 경험을 나타냅니다. 부정문은 동사 앞에 没(没有)를 쓰고 조사 了와는 함께 쓰지 않습니다.

예) 我以前学过汉语。　　　저는 이전에 중국어를 배운적 있습니다.

　　我从来没吃过这种菜。　　　저는 여태껏 이런 종류의 음식을 먹어본 적 없어요.

　　我看过这部电影, 我不想再看。　　　저는 이 영화를 본적 있습니다. 저는 다시 보고 싶지 않습니다.

| 从来没 cónglái méi ~ 여태껏 ~한적 없다 |

3 可能你吃了忘不了

可能은 부사로 '아마도' 라는 의미입니다. 명사로도 쓸 수 있습니다.

예) 最近他可能很忙。　　　최근 그는 아마 매우 바쁠 겁니다.

　　她可能忘了见面的时间。　　　그녀는 아마도 만나는 시간을 잊어버렸을 거예요.

　　这件事成功的可能性不大。　　이 일은 성공 가능성이 크지 않습니다.

| 忘 wàng 잊다 |

01. 녹음을 듣고 질문에 답해보세요.

　　1. 朋友推荐了什么菜?

　　_____

　　2. 她们要去什么地方吃?

　　_____

02. 녹음을 듣고 빈칸을 채운 후 전체 내용을 다시 한번 말해보세요.

来到北京 ＿＿＿＿＿＿＿＿＿＿＿，娜英还没有吃到有北京 ＿＿＿ 的东西。

她的同屋推荐了北京烤鸭, 这是 ＿＿＿＿＿＿＿＿＿＿＿。

在北京, ＿＿＿＿＿＿＿＿＿ 是全聚德, 所以她们决定去全聚德吃烤鸭。

 이것도 외워보세요!

| 有名 | yǒumíng | 유명하다 |
| 决定 | juédìng | 결정(하다) |

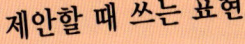

제안할 때 쓰는 표현

• 내가 제안할게요. 우리 먼저 사무실을 청소하지요.

我提议, 咱们先打扫办公室。
Wǒ tíyì, zánmen xiān dǎsǎo bàngōngshì.

• 제가 보기에 아무래도 이렇게 하는 것이 좋겠네요.

我看, 还是这样做比较好。
Wǒ kàn, háishi zhèyàng zuò bǐjiào hǎo.

• 제가 생각하기에 마땅히 그에게 이 일을 알려야 합니다.

我认为, 应该告诉他这件事。
Wǒ rènwéi, yīnggāi gàosu tā zhè jiàn shì.

| 认为 rènwéi 여기다

• 우리는 일찍 출발하는 것이 낫겠어요. 지각하지 마세요.

我们不如早点儿出发, 别迟到了。
Wǒmen bùrú zǎo diǎnr chūfā, bié chídào le.

| 不如 bùrú ~하는 것이 낫다

• 우리가 그를 오라고 부르는 게 어때요?

我们叫他来怎么样?
Wǒmen jiào tā lái zěnmeyàng?

• 제 생각에는 우리 술 마시지 말지요.

依我看, 我们别喝酒了。
Yī wǒ kàn, wǒmen bié hē jiǔ le.

恐怕今天不行了, 改天吧

아마 오늘은 안 될 것 같아요. 다음에 가지요

15
필수표현

恐怕今天不行了, 改天吧
아마 오늘은 안 될 것 같아요. 다음에 가지요

恐怕는 어떤 일에 대한 추측을 나타내며 大概와 비슷한 의미로 恐怕는 '부정적인 어감' 에 주로 씁니다.

A 明天我们去看电影, 怎么样?
　　Míngtiān wǒmen qù kàn diànyǐng, zěnmeyàng?　　　　내일 우리 영화 보러 가자, 어때?

B 恐怕不行了, 我有考试。
　　Kǒngpà bù xíng le, wǒ yǒu kǎoshì.　　　　　　　　안 될 것 같아, 나 시험이 있거든.

나영이는 갑자기 커피가 마시고 싶어서 방짝에게 함께 가자고 청 하지만 방짝은 바빠서 갈 수 없다고 한다.

娜 英　你在忙什么呢？
Nǐ zài máng shénme ne?

同 屋　我在写作业, 老师留的作业特别多。
Wǒ zài xiě zuòyè, lǎoshī liú de zuòyè tèbié duō.

娜 英　我想约你去喝咖啡。
Wǒ xiǎng yuē nǐ qù hē kāfēi.

　　　你能抽一点时间吗？
Nǐ néng chōu yìdiǎn shíjiān ma?

同 屋　恐怕今天不行了。改天吧。
Kǒngpà jīntiān bù xíng le. Gǎitiān ba.

娜 英　喝完了咖啡再做不行吗？
Hē wán le kāfēi zài zuò bù xíng ma?

同 屋　不行, 我才刚开始呢。不好意思。
Bù xíng, wǒ cái gāng kāishǐ ne. Bùhǎo yìsi.

娜 英　好吧。那我不打扰你了。
Hǎo ba. Nà wǒ bù dǎrǎo nǐ le.

　　　那我走了。
Nà wǒ zǒu le.

 이것도 외워보세요!

留	liú	남다, (숙제) 내다	才	cái	막, 방금
约	yuē	약속을 정하다	不好意思	bùhǎo yìsi	미안하다, 죄송하다
抽	chōu	시간을 내다	打扰	dǎrǎo	방해하다
改天	gǎitiān	다음, 후일			

▶恐怕天要下雨, 我们快走吧。

　　Kǒngpà tiān yào xià yǔ, wǒmen kuài zǒu ba.

비가 올 것 같아요. 우리 빨리 가요.

▶他恐怕不会来了, 我们别等了。

　　Tā kǒngpà bú huì lái le, wǒmen bié děng le.

그는 아마 오지 않을 것 같아요. 우리 기다리지 말죠.

▶钱恐怕不够, 我们别买了。

　　Qián kǒngpà bú gòu, wǒmen bié mǎi le.

돈이 아마 모자를 것 같아요. 우리 사지 말아요.

▶我恐怕去不了, 你们先走吧。

　　Wǒ kǒngpà qù bu liǎo, nǐmen xiān zǒu ba.

저는 갈 수 없을 것 같아요. 당신들 먼저 가세요.

▶我恐怕没时间陪你, 你找别人玩儿吧。

　　Wǒ kǒngpà méi shíjiān péi nǐ, nǐ zhǎo biérén wánr ba.

나는 너와 함께 있어줄 시간이 없을 것 같아. 너는 다른 사람 찾아 놀아.

▶我看啊, 你恐怕吃不了这么多, 少点一些吧。

　　Wǒ kàn a, nǐ kǒngpà chī bu liǎo zhème duō, shǎo diǎn yìxiē ba.

제가 보기에 이렇게 많이 당신이 다 못 먹을 것 같아요. 조금만 시켜요.

이것도 외워보세요!

| 够 | gòu | 충분하다 |
| 陪 | péi | 함께 하다 |

1 我想约你去喝咖啡

동사 约는 '어떤 일을 하러 가자고 제안하거나 약속을 청한다'라고 할 때 씁니다. 约뒤에는 인칭대명사가 목적어로 나옵니다. 约와 비슷한 의미로는 约会가 있는데 명사, 동사로 쓸 수 있으나 동사로 쓸때는 뒤에 목적어를 쓸 수 없습니다.

예) 如果星期天没什么事, 你就约他出去看电影。

만일 일요일에 별다른 일이 없으면 그에게 약속을 청해 영화를 보세요.

我想约她出来吃饭, 可是我怕她拒绝。

저는 그녀에게 밥먹자는 데이트를 신청하고 싶지만 거절할까 걱정됩니다.

昨天他约我出去兜风了。　　어제 그가 날 불러내서 드라이브를 즐겼습니다.

| 拒绝 jùjué 거절하다 | 兜风 dōufēng 드라이브 |

2 不行，我才刚开始呢

부사 才는 여기서는 '어떤 일이 막 발생했음'을 나타냅니다.

예) 你怎么才来?　　　　　　　　어째서 지금에서야 옵니까?

这个生词是我才学会的。　　이 단어는 내가 막 배운겁니다.

比赛才开始呢，你快过来一起看吧。　경기가 막 시작했으니 빨리와서 같이 봐요.

이외에 才는 수량이 적거나 일이 쉽게 이루어지지 않고 시간이 오래 걸린 후에 비로소 발생함을 나타냅니다.

예) 她才学了六个月，就达到了HSK五级的水平。

그녀는 겨우 6개월을 공부해서 HSK 5급 수준에 도달했습니다.

这件衣服才花了一万元。　　이 옷은 겨우 만원 밖에 돈을 안 썼습니다.

下午四点他才到家。　　　　오후 4시가 되서야 그는 집에 도착했습니다.

老师说了三遍他才听懂。　　선생님이 3번을 말해서야 그는 알아들었습니다.

| 达到 dádào 도달하다 |

 연습문제

01. 녹음을 듣고 질문에 답해보세요.

    1. 同屋为什么不能陪娜英去喝咖啡？

    _____

    2. 同屋不能去, 娜英只好怎样做了？

    _____

02. 녹음을 듣고 빈칸을 채운 후 전체 내용을 다시 한번 말해보세요.

    娜英 _____, 就叫同屋一起去。可是同屋说今天有很多作业,

    _____, 不能陪娜英喝咖啡。娜英 _____, 可是同屋说一

    定要先写作业, 娜英 _____, _____了。

 이것도 외워보세요!

突然	tūrán	갑자기
抽时间	chōu shíjiān	시간을 내다
没办法	méi bànfǎ	방법이 없다
只好	zhǐhǎo	부득이, 할수 없이

부탁을 거절할 때 쓰는 표현

■ 죄송합니다만, 저는 정말 당신을 도울 방법이 없네요.

对不起, 我真的没办法帮你。
Duìbuqǐ, wǒ zhēnde méi bànfa bāng nǐ.

■ 저는 내일 너무 바빠요. 시간이 어딨어요?

我明天很忙, 哪儿有时间啊?
Wǒ míngtiān hěn máng, nǎr yǒu shíjiān a?

■ 너 봐 봐. 내 지갑에는 한 푼도 없어.

你看, 我钱包里一分钱都没有。
Nǐ kàn, wǒ qiánbāo lǐ yì fēn qián dōu méi yǒu.

■ 저도 당신을 매우 돕고 싶지만 저에게는 그런 능력이 없네요.

我也很想帮你, 可是我没那个能力啊。
Wǒ yě hěn xiǎng bāng nǐ, kěshì wǒ méi nà ge nénglì a.

■ 저는 당신을 도울 수 없어요. 죄송해요.

我帮不了你了, 不好意思。
Wǒ bāng bu liǎo nǐ le, bù hǎo yìsi.

■ 안돼요. 제가 안 된다고 하면 안 되는 거에요.

不行, 我说不行就不行。
Bù xíng, wǒ shuō bù xíng jiù bù xíng.

■ 정말 공교롭게도 저는 갈 수 없겠어요.

真不巧, 我不能去了。
Zhēn bù qiǎo, wǒ bù néng qù le.

| 不巧 bù qiǎo 공교롭게 일이 잘 안되다 |

让我看看, 原来是漏气了

제가 좀 볼게요. 바람이 빠진거군요

16
필수표현

让我看看, 原来是漏气了

제가 좀 볼게요. 바람이 빠진거군요

原来는 '원래', '본래' 라는 의미와 여기서는 몰랐던 사실을 알게 되었다는 '알고보니' 의 두가지 의미가 있습니다.

A 昨天我有事没来。
Zuótiān wǒ yǒu shì méi lái.　　　　어제 일이 있어서 못 왔어요.

B 原来你有事, 没关系。
Yuánlái nǐ yǒu shì, méiguānxi.　　　알고 보니 일이 있었군요. 괜찮아요.

나영이는 자전거 타이어에 구멍이 나서 도서관에 가다 말고 자전거 수리점으로 달려 갔다.

娜 英　师傅，我的自行车出了点儿毛病，您能不能给修一下？
　　　　Shīfu, wǒ de zìxíngchē chū le diǎnr máobìng, nín néng bu néng gěi xiū yíxià?

师 傅　**让我看看，原来是漏气了。**
　　　　Ràng wǒ kànkan, yuánlái shì lòuqì le.

　　　　小毛病，补一下就行。
　　　　Xiǎo máobìng, bǔ yíxià jiù xíng.

娜 英　这个能补吗？不用换车胎吗？
　　　　Zhè ge néng bǔ ma? Bú yòng huàn chētāi ma?

师 傅　用不着。车胎被扎破是常有的事。
　　　　Yòng bu zháo. Chētāi bèi zhāpò shì cháng yǒu de shì.

娜 英　修车要多长时间？
　　　　Xiū chē yào duōcháng shíjiān?

师 傅　现在人太多，一时半会儿修不了。
　　　　Xiànzài rén tài duō, yìshíbànhuìr xiū bu liǎo.

　　　　一个小时以后来取行吗？
　　　　Yí ge xiǎoshí yǐhòu lái qǔ xíng ma?

娜 英　我无所谓，反正不着急。
　　　　Wǒ wúsuǒwèi, fǎnzhèng bù zháojí.

 이것도 외워보세요!

师傅	shīfu	아저씨(기술을 가진 사람을 칭하는 말)
毛病	máobìng	(기계)고장, (사람) 나쁜 버릇
修	xiū	수리하다
漏	lòu	(공기, 물)세다
补	bǔ	보충하다, 떼우다

车胎	chētāi	자전거 바퀴
用不着	yòng bu zháo	~할 필요없다
扎破	zhāpò	찔려서 망가지다
一时半会儿	yìshíbànhuìr	잠시동안
着急	zháojí	다급해하다

▶ 原来是你, 我以为是小偷呢。
Yuánlái shì nǐ, wǒ yǐwéi shì xiǎotōu ne.
너였구나, 난 도둑인 줄 알았어.

▶ 我等了这么久, 原来你在睡觉!
Wǒ děng le zhème jiǔ, yuánlái nǐ zài shuì jiào!
제가 이렇게나 오래 기다렸는데 알고 보니 자고 있었군요.

▶ 你眼睛红红的, 原来你熬夜了。
Nǐ yǎnjing hónghóng de, yuánlái nǐ áoyè le.
네 눈이 빨개, 밤을 새워서 그렇구나.

▶ 这么好吃的东西你不吃, 原来你在减肥。
Zhème hǎochī de dōngxi nǐ bù chī, yuánlái nǐ zài jiǎn féi.
이렇게 맛있는 음식을 당신이 먹지 않는 것이 다이어트 중이라 그랬군요.

▶ 他每天都吃方便面, 原来是为了省钱。
Tā měitiān dōu chī fāngbiànmiàn, yuánlái shì wèile shěng qián.
그는 매일 라면을 먹는 것이 돈을 아끼려고 그러는 거였군요.

▶ 我也奇怪为什么没有人, 原来都去吃饭了。
Wǒ yě qíguài wèishénme méiyǒu rén, yuánlái dōu qù chī fàn le.
왜 사람이 없나 나 역시 이상하게 여겼는데 모두 밥을 먹으러 갔군요.

 이것도 외워보세요!

小偷	xiǎotōu	도둑
熬夜	áoyè	밤을 새우다
减肥	jiǎn féi	다이어트하다

省钱	shěng qián	돈을 아끼다
奇怪	qíguài	이상하다

1 用不着，车胎被扎破是常有的事

用不着는 '필요없다' 와 '쓸데가 없다' 는 두 가지 의미가 있습니다.

예) 这事你用不着担心。　　　　　　　이 일을 당신은 걱정할 필요없습니다.

我一个人能办完, 用不着你帮忙。　저 혼자서 다 할 수 있습니다. 당신이 도와줄 필요없습니다.

这些钱现在用不着, 我先借给你。　이 돈은 지금 쓰지 않습니다. 우선 제가 당신에게 빌려드릴게요.

2 现在人太多，一时半会儿修不了

一时半会儿은 '잠시 동안' 이란 의미로 어느 정도의 긴시간을 나타냅니다.

예) 我一时半会儿回不来, 你先自己吃吧。　저는 잠시동안 못 돌아올거에요. 먼저 알아서 드세요.

你先玩会儿游戏吧, 这些事我一时半会儿做不完。

너 먼저 오락하고 있어, 이 일들을 나는 짧은 시간동안 다 할 수 없어.

3 我无所谓，反正不着急

反正 조건이 달라지거나 변화가 생겨도 상황이나 자신의 의지가 변함없음을 나타냅니다.
'어쨌든, 어차피' 라고 해석합니다.

예) 你不用告诉他, 反正他也不需要知道。　그에게 알릴 필요없어요. 어쨌든 그는 알 필요가 없어요.

我不知道他有没有事儿, 反正我没事儿。

저는 그가 일이 있는지 없는지 모르지만 어쨌든 저는 일이 없어요.

我跟你一起去吧, 反正我也没有别的事儿。

제가 당신과 함께 갈게요. 어차피 저도 다른 일이 없어요.

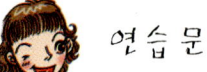

01. 녹음을 듣고 질문에 답해보세요.

1. 娜英的自行车出了什么问题?

_____

2. 师傅说要一个小时, 所以娜英决定怎样做?

_____

02. 녹음을 듣고 빈칸을 채운 후 전체 내용을 다시 한번 말해보세요.

娜英要 _____, 在去图书馆的路上, 自行车的车胎 _____。

娜英 _____ 来到了修车的地方。修车铺那里人挺多的。娜英 _____

_____, 轮到娜英了, 她让修车的师傅看一下自己的自行车。

修车师傅说 _____, 所以娜英决定先去图书馆, _____。

 이것도 외워보세요!

图书馆	túshūguǎn	도서관	轮到	lúndào	차례가 되다
修车铺	xiūchēpù	자전거 수리점	然后	ránhòu	그러한 연후에
排队	pái duì	줄을 서다			

상황회화 따라잡기!

시간과 관련된 표현

▪ 저는 내일 시간 있어요.

我明天有空。
Wǒ míngtiān yǒu kòng.

▪ 요새 한가해요?

你最近闲不闲?
Nǐ zuìjìn xián bu xián?

▪ 지금은 시간이 촉박해요, 나중에 다시 얘기해요.

我现在赶时间, 以后再说。
Wǒ xiànzài gǎn shíjiān, yǐhòu zài shuō.

| 赶 gǎn (~의 시간에 댈 수 있게) 서두르다 |

▪ 시간이 매우 빠듯해요.

我时间特别紧。
Wǒ shíjiān tèbié jǐn. | 紧 jǐn (시간이) 촉박하다 |

▪ 그는 시간관념이 없어요, 항상 지각한단 말이에요.

他没有时间观念, 老是迟到。
Tā méiyǒu shíjiān guānniàn, lǎoshi chídào.

▪ 3일만 더 있으면 설날이에요.

再有三天, 就是春节了。
Zài yǒu sān tiān, jiùshì Chūnjié le.

▪ 서두르지 마, 아직 한 시간 더 남았잖아.

别着急, 还有一个多小时呢。
Bié zháojí, hái yǒu yí ge duō xiǎoshí ne.

▪ 영화가 시작하려면 5분 남았어요, 우리 들어가요.

还差5分钟电影就要开始了, 我们进去吧。
Hái chà wǔ fēnzhōng diànyǐng jiù yào kāishǐ le, wǒmen jìnqu ba.

| 差 chà 부족하다 |

上次我差点儿跟别人撞上了

지난번에 하마터면 다른 사람과 부딪힐 뻔했어요

17
필수표현

上次我差点儿跟别人撞上了
지난번에 하마터면 다른 사람과 부딪힐 뻔했어요

差点儿 어떤 일이 실현 될 뻔하다가 실현되지 못하는 상황에 쓸 수 있습니다. '간신히 ~을 면하다', '거의 ~할 뻔하다' 라고 해석됩니다.

A 你明天的事没忘吧。
Nǐ míngtiān de shì méi wàng ba.
내일 일 잊지 않았겠지.

B 我差点儿忘了, 谢谢你告诉我。
Wǒ chàdiǎnr wàng le, xièxie nǐ gàosu wǒ.
하마터면 잊을 뻔했어. 알려 줘서 고마워.

나영은 중국인들이 너무 자전거를 빨리 모는 탓에 도로에서 자전거 타기가 무섭다며 성공에게 불만을 토로하자 성공은 나영이를 놀린다

娜 英 我已经来中国几个月了。可是有时不敢骑车上街。
Wǒ yǐjīng lái Zhōngguó jǐ ge yuè le. Kěshì yǒushí bù gǎn qí chē shàng jiē.

成 功 为什么?
Wèishénme?

娜 英 上次我差点儿跟别人撞上了。很危险。
Shàngcì wǒ chàdiǎnr gēn biérén zhuàng shang le. Hěn wēixiǎn.

成 功 你慢一点骑不就得了?
Nǐ màn yìdiǎn qí bú jiù dé le?

娜 英 有的人骑起车来像飞似的。
Yǒu de rén qí qǐ chē lái xiàng fēi shì de.

想躲都躲不开。
Xiǎng duǒ dōu duǒ bu kāi.

成 功 因为你骑车的技术没有中国人好。
Yīnwèi nǐ qí chē de jìshù méiyǒu Zhōngguórén hǎo.

你在后背贴一张纸写上"新手上路"怎么样?
Nǐ zài hòubèi tiē yì zhāng zhǐ xiě shang "xīnshǒu shàng lù" zěnmeyàng?

娜 英 你别逗我了。
Nǐ bié dòu wǒ le.

 이것도 외워보세요!

敢	gǎn	감히 ~하다	技术	jìshù	기술
撞上	zhuàng shang	부딪히다	后背	hòubèi	등 뒤
危险	wēixiǎn	위험하다	贴	tiē	붙이다
像... 似的	xiàng... shì de	~ 인것 같다	上路	shàng lù	길을 나서다
躲不开	duǒ bu kāi	피할 수 없다	逗	dòu	놀리다

▶ 我差点儿就来晚了。

Wǒ chàdiǎnr jiù lái wǎn le. 저 하마터면 늦을 뻔했어요.

▶ 他没拿好, 杯子差点儿就掉了。

Tā méi ná hǎo, bēizi chàdiǎnr jiù diào le. 그가 잘 들고 있지 않아서 컵이 하마터면 떨어질 뻔했어요.

▶ 我差点儿就抓到他了, 让他跑了。

Wǒ chàdiǎnr jiù zhuā dào tā le, ràng tā pǎo le. 그를 잡을 뻔했는데 그가 도망가 버렸어요.

▶ 他差点儿没能考上大学。

Tā chàdiǎnr méi néng kǎo shàng dàxué. 그는 하마터면 대학에 붙지 못할 뻔했어요.

▶ 我差点儿没能赶上火车。

Wǒ chàdiǎnr méi néng gǎnshàng huǒchē. 하마터면 기차에 타지 못할 뻔했어요.

▶ 我去年遇到车祸, 差点儿死了。

Wǒ qùnián yùdào chēhuò, chàdiǎnr sǐ le. 작년에 차 사고를 당해 죽을 뻔했어요.

이것도 외워보세요!

掉	diào	떨어지다	遇到	yùdào	우연히 ~와 맞닥뜨리다
抓	zhuā	잡다	车祸	chēhuò	차 사고
赶上	gǎnshàng	시간에 대다, 차를 잡아타다			

1 有的人骑起车来像飞似的

似的는 명사나 동사 뒤에 쓰여서 어떤 사물이나 상황과 비슷하다는 의미입니다.
好像, 像과 함께 쓰기도 합니다.

예) 看他的表情, 好像不明白似的。　　그의 표정을 보니 이해를 못하고 있는 듯합니다.

　　她长得跟中国人似的。　　　　　그녀는 중국 사람처럼 생겼어요.

　　她好像睡着了似的。　　　　　　그녀는 잠이 든 듯합니다.

2 可是有时不敢骑车上街

敢은 '용기를 내어 감히 어떤 행동을 하거나 대담하게 행동함'을 나타냅니다.

예) 我有点害怕他, 我不敢说。　　　나는 그가 조금 무서워서 감히 말을 못하겠습니다.

　　你敢不敢做这样的事儿?　　　　이런 일 당신은 감히 할 수 있나요?

　　我不敢保证他的病能治好。　　저는 그의 병이 완치될 수 있다고 장담 못하겠습니다.

> 保证 bǎozhèng 보장하다 |

3 你慢一点骑不就得了?

不就得了는 '这样没问题'라는 말로 '~ 되지 않겠어요'라는 반문구입니다.
不就行了와 같은 뜻입니다.

예) 你给他打电话问问不就行了。　　당신이 그에게 전화를 해서 물어보면 되는 거 아닌가요.

　　你自己去看看不就得了, 别问我。　당신이 직접 가보면 되는 거 아닌가요. 저한테 물어보지 마세요.

　　整天说自己胖, 平时少吃点不就行了。

　　　　　　　　　　　　　　　맨날 자기가 뚱뚱하다면서 평소에 적게 먹으면 되는 거 아니에요.

01. 녹음을 듣고 질문에 답해보세요.

   1. 娜英为什么害怕到马路上骑自行车?

   _____

   2. 朋友怎样开娜英的玩笑?

   _____

02. 녹음을 듣고 빈칸을 채운 후 전체 내용을 다시 한번 말해보세요.

   前些天, 娜英骑车去校外, _____。现在娜英非常

   ____ 到马路上骑自行车。 ____ 娜英骑得不快, ____ 别的人都骑得很

   快。____ 中国人骑车的技术都很好。娜英的中国朋友 ____ 说, 让娜英

   在后背贴一张纸, 写上 "_____"。

 이것도 외워보세요!

校外	xiàowài	학교 밖
撞	zhuàng	부딪히다
开玩笑	kāi wánxiào	농담하다
虽然...但是	suīrán ~dànshì	비록 ~이지만 그러나

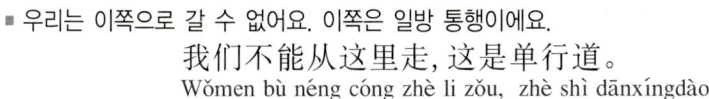

상황회화 따라잡기!

교통과 관련된 표현

■ 우리는 이쪽으로 갈 수 없어요. 이쪽은 일방 통행이에요.
我们不能从这里走，这是单行道。
Wǒmen bù néng cóng zhè li zǒu, zhè shì dānxíngdào.

■ 여기는 신호등이 고장이 났네요. 전화를 해서 경찰을 불러요.
这里的信号灯坏了，打电话叫警察来吧。
Zhè li de xìnhàodēng huài le, dǎ diànhuà jiào jǐngchá lái ba.

■ 앞에 길은 왼쪽으로 돌수 없으니 우리는 앞으로 가서 다시 좀 보죠.
前边的路口不能左转，我们再往前走走看。
Qiánbian de lùkǒu bù néng zuǒ zhuǎn, wǒmen zài wǎng qián zǒuzou kàn.

■ 죄송합니다만, 빨간불일 때 운전하셨어요. 면허증을 보여주세요.
对不起，您闯了红灯，请出示您的驾驶证。
Duìbuqǐ, nín chuǎng le hóngdēng, qǐng chūshì nín de jiàshǐzhèng.

| 闯 chuǎng 뛰어들다 | 出示 chūshì 제시하다 |

■ 앞에서 마침 길을 보수중이니 우리는 다른 길로 가지요.
前边正在修路，我们走另一条路吧。
Qiánbian zhèngzài xiūlù, wǒmen zǒu lìng yì tiáo lù ba.

■ 다리 위로 가 주세요. 다리 밑으로 가지 마세요.
从立交桥上边走，别从桥下走。
Cóng lìjiāoqiáo shàngbian zǒu, bié cóng qiáoxià zǒu.

■ 우리는 고속도로로 가지요. 금새 도착할 수 있을 거에요.
我们走高速公路吧，一会儿就能到。
Wǒmen zǒu gāosùgōnglù ba, yíhuìr jiù néng dào.

怪不得宿舍都这么安静

어쩐지 기숙사가 이렇게 조용하더라니

18
필수표현

怪不得宿舍都这么安静

어쩐지 기숙사가 이렇게 조용하더라니

怪不得는 '상황을 이해하게 되어서 더 이상하게 여겨지지 않는다'는 의미로 '어쩐지'라고 해석할 수 있습니다. 原来와 호응을 해서 잘 쓰는데 原来는 앞문장, 뒷문장에 다 올 수 있습니다.

A 我拿到了工资.
Wǒ ná dào le gōngzī.

나 월급 탔어.

B 怪不得你这么高兴.
Guài bu de nǐ zhème gāoxìng.

어쩐지 네가 이렇게 기뻐하더라.

나영이는 중국 학생 기숙사를 지나가다 문득 로로가 생각나서 로로의 기숙사에 갔다.
마침 로로는 낮잠을 자고 있었다.

娜 英	我刚才路过你们宿舍, 想上来看看你。
	Wǒ gāngcái lùguo nǐmen sùshè, xiǎng shànglai kànkan nǐ.
	这儿怎么静悄悄的?
	Zhèr zěnme jìng qiāoqiāo de?
路 路	中午吃完饭都要眯一会儿。
	Zhōngwǔ chī wán fàn dōu yào mī yíhuìr.
	中国人有午睡的习惯。
	Zhōngguórén yǒu wǔshuì de xíguàn.
娜 英	怪不得宿舍这么安静。
	Guài bu de sùshè zhème ānjìng.
	你也有午睡的习惯吗?
	Nǐ yě yǒu wǔshuì de xíguàn ma?
路 路	我要是不睡午觉, 我整个下午都没精神。
	Wǒ yàoshi bú shuì wǔjiào, wǒ zhěngge xiàwǔ dōu méi jīngshen.
娜 英	我们到外边聊吧, 别把他们吵醒了。
	Wǒmen dào wàibian liáo ba, bié bǎ tāmen chǎo xǐng le.

이것도 외워보세요!

路过	lùguo	(길, 장소) 지나쳐가다	整个	zhěngge	전체
静悄悄(的)	jìng qiāoqiāo	아주 고요하다 , 살금살금 다니는 모양	精神	jīngshen	기운, 기력
眯	mī	잠깐 눈을 붙이다	吵醒	chǎo xǐng	시끄럽게 해서 깨우다
安静	ānjìng	조용하다			

▶你天天锻炼, 怪不得身体这么好。
Nǐ tiāntiān duànliàn, guài bu de shēntǐ zhème hǎo.

당신은 매일 단련을 하는군요, 어쩐지 몸이 건강 하다 했어요.

▶她是中文系的学生, 怪不得汉语说得这么好。
Tā shì zhōngwénxì de xuésheng, guài bu de Hànyǔ shuō de zhème hǎo.

그녀는 중문과 학생이군요, 어쩐지 중국어를 이렇게 잘 하더라니.

▶怪不得你说这么多好话, 原来是想借钱。
Guài bu de nǐ shuō zhème duō hǎohuà, yuánlái shì xiǎng jiè qián.

어쩐지 이렇게 좋은 말들을 늘어놓다 했더니 돈을 빌리려고 그랬군요.

▶你生病了, 怪不得你没来上课。
Nǐ shēng bìng le, guài bu de nǐ méi lái shàng kè.

병이 났군요, 어쩐지 수업에 오지 않더라니.

▶原来降温了, 怪不得我觉得这么冷。
Yuánlái jiàngwēn le, guài bu de wǒ juéde zhème lěng.

알고보니 기온이 내려갔구나, 어쩐지 이렇게 춥더라니 했다.

▶停电了, 怪不得灯不亮。
Tíng diàn le, guài bu de dēng bú liàng.

정전이 되었구나, 어쩐지 불이 안 들어온다 했어.

▶怪不得他脸红, 原来喝醉了。
Guài bu de tā liǎnhóng, yuánlái hē zuì le.

어쩐지 그의 얼굴이 빨갛다 했더니 술에 취했구나.

 이것도 외워보세요!

锻炼	duànliàn	단련하다
降温	jiàngwēn	온도가 내려가다
亮	liàng	밝다, 불이 켜 있다

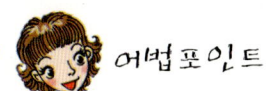

1 我刚才路过你们宿舍，想上来看看你

刚才는 말하고 있는 시점에서 오래지 않는 시간의 범위를 말합니다.
'금방, 방금' 으로 해석하시면 됩니다.

예) 刚才有人来找你。　　　　　　　　　방금 누가 당신을 찾았어요.

　　你的脸色比刚才好多了。　　　　　당신의 안색이 방금 전보다 훨씬 좋네요.

　　我刚才在路上捡到了一个钱包。　　저는 방금 길가에서 지갑을 주웠어요.

捡 jiǎn 줍다

2 我整个下午都没精神

精神은 여기서는 명사로는 '기력'이나 '기운', '활력'의 의미이고 형용사로는 '활기
찬', '생기있는' 이라는 의미입니다.

예) 昨天酒喝多了吧, 你看起来没精神。　어제 술 많이 마셨지요, 보기에 기력이 없어요.

　　我晚上热得睡不着觉, 所以现在没精神。

저는 어제 더워서 잠을 못 이뤘어요. 그래서 지금 정신이 없어요.

睡不着觉 shuìbuzháojiào 잠을 이룰 수 없다

3 别把他们吵醒了

醒은 '깨어나다' 는 의미입니다. 醒은 몇몇 동사 뒤에서 결과보어로 쓰일 수 있는데 '吵醒' 이
라고 하면 '시끄럽게 해서 깨운다' 는 의미가 되고 '叫醒' 은 '잠을 깨운다', '推醒' 은 '흔들
어서 잠을 깨운다' 는 의미입니다.

예) 明天6点你叫醒我, 我得去运动。　当신은 내일 6시에 저를 깨워주세요. 저는 운동을 가야해요.

　　他睡得太沉, 我推不醒他。　　　　그가 너무 깊이 잠들어서 저는 그를 흔들어 깨울 수가 없어요.

沉 chén 깊다

 연습문제

01. 녹음을 듣고 질문에 답해보세요.

　　1.上楼的时候, 娜英为什么感到很奇怪?

　　_____

　　2.睡午觉对中国人来说, 有什么意义?

　　_____

02. 녹음을 듣고 빈칸을 채운 후 전체 내용을 다시 한번 말해보세요.

中午吃完了饭, 娜英在回宿舍的路上, _____ 想去朋友的宿舍看看她。

_____ 的时候, 宿舍里非常安静。_____, 平时这里都

_____。到了朋友的房间里 _____, 原来学生们在睡午觉。路路说

_____, 就 _____ 一日三餐 _____, 不可缺少。

 이것도 외워보세요!

意义	yìyì	의의	一日三餐	yírìsāncān	하루 세끼
平时	píngshí	평소에	不可缺少	bùkěquēshǎo	없어서는 안된다
吵闹	chǎonào	시끄럽고 북적대다			

상황회화 따라잡기!

기운을 북돋아 주거나 용기를 주는 표현

■ 걱정마. 분명 잘 될 거야.

别担心，一定会好起来的。
Bié dānxīn, yídìng huì hǎo qǐlai de.

■ 두려워 하지마. 내가 있잖아!

别害怕，有我呢！
Bié hàipà, yǒu wǒ ne!

■ 열심히 한다면 반드시 대학에 합격 할 수 있어요.

只要你努力，就一定能考上大学。
Zhǐyào nǐ nǔlì, jiù yídìng néng kǎo shang dàxué.

■ 용기 내봐. 직접 그녀에게 고백해.

大胆点儿，直接向她表白。
Dàdǎn diǎnr, zhíjiē xiàng tā biǎobái.

| 大胆 dàdǎn 대담하다 |

■ 이번에 안되면 다음 기회가 있잖아.

这次不行，还有下次嘛。
Zhè cì bù xíng, hái yǒu xià cì ma.

■ 너는 그들보다 못하지 않아. 분명히 기회가 있을 거야.

你不比他们差，一定有机会的。
Nǐ bùbǐ tāmen chà, yídìng yǒu jīhuì de.

只要有足球赛, 我就一定要看

축구 경기가 있기만 하면 저는 꼭 봐야해요

19
필수표현

只要有足球赛, 我就一定要看

축구 경기가 있기만 하면 저는 꼭 봐야해요

只要...就 는 어떤 충분한 조건이 만들어지면 그 조건하에서 결과를 얻어 낼 수 있다는 뜻으로 '단지 ~하면 ~할 수 있다' 로 해석됩니다. 조건이 성립만 되면 수월하게 결과를 얻을 수 있는 상황에 쓰입니다.

A 怎样学好汉语呢?
Zěnyàng xué hǎo Hànyǔ ne?

어떻게 하면 중국어를 잘할 수 있어요?

B 只要努力学习, 就行了。
Zhǐyào nǔlì xuéxí, jiù xíng le.

열심히 공부하기만 하면되요.

路　路	比赛马上要开始了,打开电视吧。
	Bǐsài mǎshàng yào kāishǐ le, dǎ kāi diànshì ba.
娜　英	还没到时间呢,看你着急的样子。
	Hái méi dào shíjiān ne, kàn nǐ zháojí de yàngzi.
路　路	**只要有足球赛,我就一定要看。**
	Zhǐyào yǒu zúqiúsài, wǒ jiù yídìng yào kàn.
	不看心里就痒痒。
	Bú kàn xīnli jiù yǎngyang.
娜　英	你真是个铁杆儿球迷。
	Nǐ zhēn shì ge tiěgǎnr qiúmí.
路　路	我除了看足球比赛,没有别的爱好。
	Wǒ chúle kàn zúqiú bǐsài, méiyǒu biéde àihào.
娜　英	比赛开始了! 你准备喊加油吧。
	Bǐsài kāishǐ le, nǐ zhǔnbèi hǎn jiāyóu ba.

 이것도 외워보세요!

打开	dǎ kāi	열다, 켜다	爱好	àihào	취미
着急	zháojí	조급해하다	喊加油	hǎn jiāyóu	화이팅을 외치다
心痒	xīn yǎng	마음이 가렵다 (어떤 일을 몹시 하고 싶은 상태)			
铁杆儿球迷	tiěgǎnr qiúmí	광적인 팬 (일반적으로 球迷만 써도 됨)			

▶ **只要**这次能成功, 我**就**请大家喝酒。
Zhǐyào zhè cì néng chénggōng, wǒ jiù qǐng dàjiā hē jiǔ.

이번에 성공만 하면 제가 모두에게 술 한잔 사겠어요.

▶ **只要**他不来, 我们**就**能玩得很高兴。
Zhǐyào tā bù lái, wǒmen jiù néng wán de hěn gāoxìng.

그만 오지 않는다면 우리는 신나게 놀 수 있을 거에요.

▶ **只要**下雨了, 我们**就**取消计划。
Zhǐyào xià yǔ le, wǒmen jiù qǔxiāo jìhuà.   비가 내리기만 한다면 우리는 계획을 취소 할 거에요.

▶ **只要**你说能行, 我**就**投资。
Zhǐyào nǐ shuō néng xíng, wǒ jiù tóuzī.   당신이 된다고 말하면 저는 투자 하겠어요.

▶ **只要**你想出来了, **就**马上告诉我。
Zhǐyào nǐ xiǎng chūlai le, jiù mǎshàng gàosu wǒ.   당신이 생각나면 바로 제게 알려줘요.

▶ **只要**他同意了, 我们**就**开始。
Zhǐyào tā tóngyì le, wǒmen jiù kāishǐ.   그가 동의하기만 하면 우리는 바로 시작하지요.

 이것도 외워보세요!

取消	qǔxiāo	취소하다
投资	tóuzī	투자
想出来	xiǎng chūlai	(방법)생각해내다

어법포인트

1. 还没到时间呢，看你着急的样子

看~的样子는 상대방의 모습을 보고 상대를 놀리거나 주의를 줄 때 쓰는 표현입니다.

예) 看你着急的样子，你为什么平时不好好儿准备呢?

너 다급해 하는 모습 좀 봐. 왜 평소에 열심히 준비하지 않니?

听说你收到了很多巧克力，看你高兴的样子。

초콜렛을 많이 받았다고 들었어요. 좋아하는 모습 좀 봐요.

看你伤心的样子，你别这样。　너 상심해 있는 모습 좀 봐. 그러지 말아라.

2. 不看心里就痒痒

痒은 '가렵다'는 뜻인데 어떤 일을 하고 싶은 바람이 강렬할 때 痒을 쓰는데 心里痒痒, 手痒痒, 脚痒痒등이 있습니다.

예) 我一看到有人打麻将，手就痒痒。　　저는 마작하는 사람을 보면 손이 근질거립니다.

我很喜欢买衣服，一有钱我心里就痒痒

저는 옷 사는 걸 좋아해서 돈 만 생기면 사고 싶어 못 견딥니다.

看见朋友们都去旅行，我的心里痒痒的。

친구들이 여행가는 것을 보니 가고 싶어서 못 견디겠다.

3. 我除了看足球比赛，没有别的爱好

除了는 '~을 이외에, ~을 제외하고'는 이라는 의미의 격식입니다. 뒷문장에는 还，都같은 부사와 호응해서 씁니다.

예) 我除了喜欢看足球比赛，还喜欢看篮球比赛。

저는 축구경기를 보는 것 이외에 농구경기를 보는 것도 좋아합니다.

他除了星期天，都没有时间。　그는 일요일을 제외하고 다 시간이 없습니다.

01. 녹음을 듣고 질문에 답해보세요.

    1. 路路为什么经常到娜英宿舍来？

    _____

    2. 今天路路为什么很早就来了？

    _____

02. 녹음을 듣고 빈칸을 채운 후 전체 내용을 다시 한번 말해보세요.

娜英的朋友路路是个_____,她宿舍里_____,所以有球赛的时候,

就会到娜英的房间里来看。今天_____的足球赛,时间还没到,

路路___就来到娜英的宿舍,坐在椅子上_____。

이것도 외워보세요!

足球赛	zúqiúsài	축구 경기
等	děng	기다리다

상황회화 따라잡기!

취미나 흥미에 관련된 표현

※ 무슨 취미가 있으세요?

你有什么爱好？
Nǐ yǒu shénme àihào?

※ 저는 최근 골동품에 흥미가 생기기 시작했어요.

我最近开始对古董感兴趣了。
Wǒ zuìjìn kāishǐ duì gǔdǒng gǎn xìngqu le.

※ 제 취미는 DVD를 수집하는 거예요.

我的爱好是收集DVD。
Wǒ de àihào shì shōují dvd.

※ 브라운 아이즈의 노래를 들은 후부터 저는 그의 노래에 흠뻑 빠졌어요.

自从上次听了Brown Eyes的一首歌，我就迷上了他们的歌。
Zìcóng shàng cì tīng le Brown Eyes de yì shǒu gē, wǒ jiù míshàng le tāmen de gē.

| 迷上 mí shàng 매료되다

※ 제 남동생은 컴퓨터 오락에 빠졌어요. 그를 어쩔 방법이 없어요.

我弟弟玩电脑游戏玩上瘾了，真拿他没办法。
Wǒ dìdi wán diànnǎoyóuxì wán shàngyǐn le, zhēn ná tā méi bànfǎ.

| 上瘾 shàngyǐn 중독되다, 빠지다

※ 저는 클래식 매니아예요. 집에는 많은 CD가 있어요.

我是古典音乐的发烧友，家里有很多碟。
Wǒ shì gǔdiǎn yīnyuè de fāshāoyǒu, jiā li yǒu hěn duō dié.

| 发烧友 fāshāoyǒu 팬, 매니아

※ 저는 성룡의 팬이에요. 그의 영화는 꼭 봐요.

我是成龙的影迷，他的电影我必看。
Wǒ shì Chéng Lóng de yǐngmí, tā de diànyǐng wǒ bì kàn.

| ~迷 ~mí ~광, ~팬

※ 저는 요리에 흥미가 있어요. 내 솜씨를 맛보지 않을래요?

做菜是我的兴趣，要不要尝尝我的手艺？
Zuò cài shì wǒ de xìngqu, yào bu yào chángchang wǒ de shǒuyì?

| 手艺 shǒuyì 솜씨

我只是比较能喝而已

저는 단지 조금 마실 수 있을 뿐이에요

20 필수표현

我只是比较能喝而已

저는 단지 조금 마실 수 있을 뿐이에요

只是…而已는 '단지 ~ 할 따름이다' 라는 뜻입니다. 只是는 '단지' 라는 의미이고 문장 뒤에 而已, 罢了등을 붙여서 그 의미를 좀 더 강조할 수 있습니다. 只是와 비슷한 의미의 표현은 只不过, 不过가 있습니다.

A 你吃了多少?
Nǐ chī le duōshao?　　　　　　　몇 개 먹었어?

B 我只是吃了两个而已.
Wǒ zhǐshì chī le liǎngge éryǐ.　　단지 두 개만 먹었어.

娜 英　你的酒量很大, 真是海量啊。
　　　Nǐ de jiǔliàng hěn dà, zhēnshì hǎiliàng a.

成 功　哪里, 我只是比较能喝而已。
　　　Nǎli, wǒ zhǐshì bǐjiào néng hē éryǐ.

娜 英　我觉得中国的酒劲儿很大。
　　　Wǒ juéde Zhōngguó de jiǔ jìnr hěn dà.

成 功　不一定, 有些酒度数也很小。
　　　Bù yídìng, yǒuxiē jiǔ dùshù yě hěn xiǎo.

娜 英　我想送酒当礼物, 送什么酒好呢?
　　　Wǒ xiǎng sòng jiǔ dāng lǐwù, sòng shénme jiǔ hǎo ne?

成 功　有些好酒非常贵, 比如说茅台酒, 可能要五、六百呢。
　　　Yǒuxiē hǎojiǔ fēicháng guì, bǐrú shuō Máotáijiǔ, kěnéng yào wǔ, liù bǎi ne.

娜 英　有那么贵的酒啊? 我可买不起。
　　　Yǒu nàme guì de jiǔ a? Wǒ kě mǎi bu qǐ.

成 功　那你买二锅头算了, 十块钱一瓶。
　　　Nà nǐ mǎi èrguōtóu suàn le, shíkuài qián yì píng.

 이것도 외워보세요!

海量	hǎiliàng	술고래(술을 잘 마시는 사람)
哪里	nǎli	무슨 말씀을요 (겸손하게 말할 때 씀)
酒劲儿	jiǔ jìnr	술의 세기
不一定	bù yídìng	꼭 그런 것은 아니다
有些	yǒuxiē	어떤 것들
度数	dùshù	도수

比如	bǐrú	예를 들어
茅台酒	Máotáijiǔ	마오타이주
买不起	mǎi bu qǐ	(비싸서)살 수 없다
算了	suàn le	됐다, 그만두세요
二锅头	èrguōtóu	순수한 백주의 일종

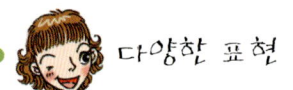

▶ 其实我早知道了, 只是不说而已。

Qíshí wǒ zǎo zhīdao le, zhǐshì bù shuō éryǐ.　사실 저는 진작 알았어요. 단지 말하지 않았을 뿐이에요.

▶ 我不是什么专家, 只是懂一些而已。

Wǒ bú shì shénme zhuānjiā, zhǐshì dǒng yìxiē éryǐ.

나는 무슨 전문가가 아니야. 단지 좀 이해하고 있을 뿐이야.

▶ 我不是讨厌你, 只是累了不想去而已。

Wǒ bú shì tǎoyàn nǐ, zhǐshì lèi le bù xiǎng qù éryǐ.

네가 싫어서 그러는 게 아니라 단지 피곤해서 가고 싶지 않은 것 뿐이야.

▶ 我不是为了钱, 只是想帮你而已。

Wǒ bú shì wèile qián, zhǐshì xiǎng bāng nǐ éryǐ. 돈 때문이 아니라 단지 당신을 도와주고 싶을 뿐이에요.

▶ 你别生气, 只是来晚了三分钟而已。

Nǐ bié shēng qì, zhǐshì lái wǎn le sān fēnzhōng éryǐ.　　화내지 마. 단지 3분 늦게 왔을 뿐이잖니.

▶ 你别当真了, 我只是开个玩笑而已。

Nǐ bié dàngzhēn le, wǒ zhǐshì kāi ge wánxiào éryǐ. 심각해 하지 마세요. 저는 단지 농담한 것 뿐이에요.

 이것도 외워보세요!

其实	qíshí	사실은	讨厌	tǎoyàn	싫어하다, 미워하다
专家	zhuānjiā	전문가	为了	wèile	~을 위해서
一些	yìxiē	약간	当真	dàngzhēn	진지해하다, 심각하다

어법포인트

1. 我觉得中国的酒劲儿很大

여기서 酒劲儿이란 술의 세기와 도수인데 '酒劲儿很大'는 술이 독한 것을 말하고 '酒劲儿很小'는 술이 약한 것을 말합니다. '这个酒度数很高' 이렇게 표현하기도 합니다.

예) 这个酒劲儿太大，喝了我会头晕。　이 술은 너무 독해서 내가 마시면 머리가 어지러울 거예요.

| 头晕 tóuyūn 머리가 어지럽다 |

2. 我想送酒当礼物，送什么酒好呢？

当는 맡다, 삼다라는 의미가 있는데 여기서는 '술을 선물로 삼다' 라는 뜻입니다.

예) 大学毕业以后，我想当翻译。　대학 졸업 이후에 나는 통역사가 되고 싶습니다.

　　我想送本辞典当你的生日礼物。　나는 사전을 당신의 생일 선물로 하고 싶어요.

　　我想送张画当礼物给你。　저는 그림 한장을 선물로 하고 싶습니다.

| 翻译 fānyi 통역사 |

3. 那你买二锅头算了

算了는 단독으로 문장 앞에 쓰이거나 문장 끝에 쓰여서 '그만 두어라' 혹은 '그런 걸로 하자' 라는 의미입니다.

예) 算了，别说了，我头疼。　됐어요. 말하지 마세요. 골치 아파요.

　　你不想做就算了吧。　하고 싶지 않으면 그만둬요.

　　你一个人去算了，不要勉强我。　혼자 가는 것으로 해요. 나한테 강요하지 말아요.

| 勉强 miǎnqiǎng 강요하다 |

 연습문제

01. 녹음을 듣고 질문에 답해보세요.

1. 中国酒有什么特点？

_____

2. 娜英准备送朋友什么礼物？她已经决定了吗？

_____

02. 녹음을 듣고 빈칸을 채운 후 전체 내용을 다시 한번 말해보세요.

在韩国, 娜英_____都很小。来中国以后, 娜英_____中国酒度数很

高, 而且听说中国人_____。周末娜英要去朋友家做客, 她准备

送给朋友一瓶酒, 可是送什么样的酒, 娜英_____。所以

_____。

 이것도 외워보세요!

发现	fāxiàn	발견하다
而且	érqiě	～뿐만 아니라
准备	zhǔnbèi	～ 하려 하다, 준비하다

술 마실 때 쓰는 표현 1

▪ 자, 내가 너에게 한 잔 따라줄게.

来, 我给你倒杯酒。
Lái, wǒ gěi nǐ dào bēi jiǔ.

▪ 모두 술잔을 들어 올려 건배하지요.

大家把杯子拿起来, 我们干一杯。
Dàjiā bǎ bēizi ná qǐlai, wǒmen gān yì bēi.

| 干 gān 잔을 비우다 |

▪ 우리의 합작을 위하여, 자, 건배!

为了我们的合作, 来, 干杯!
Wèile wǒmen de hézuò, lái, gānbēi!

▪ 한 잔 더 하게나. 내가 자네에게 한 잔 가득 따르지.

再来一杯, 我给你满上。
Zài lái yì bēi, wǒ gěi nǐ mǎn shang.

| 满 mǎn 가득 채우다 |

▪ 나는 더 못 마시겠어. 더 마시면 취할 것 같아.

我不能再喝了, 再喝就醉了。
Wǒ bù néng zài hē le, zài hē jiù zuì le.

| 醉 zuì 취하다 |

▪ 이 잔 다 비울 필요 없어요. 여러분 모두 맘대로 마셔요.

这杯不必干, 大伙随意啊。
Zhè bēi búbì gān, dàhuǒ suíyì a.

| 大伙 dàhuǒ 大家의 의미 |

▪ 모두 어느 정도 마셨지요. 오늘은 여기까지 하지요.

大家都喝得差不多了, 今天就到此为止吧。
Dàjiā dōu hē de chàbuduō le, jīntiān jiù dàocǐwéizhǐ ba.

| 到此为止 dàocǐwéizhǐ 여기까지 하자 |

중국인 따라잡기 필수표현 40 上

해석 및 답안

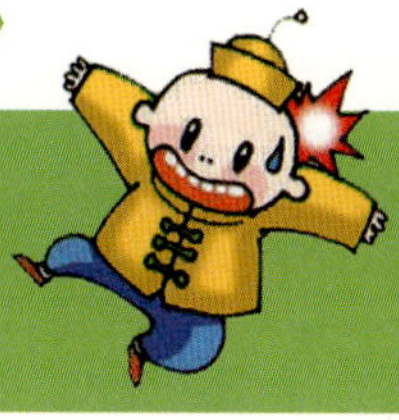

회화해석

중국인: 말씀 좀 묻겠습니다. 당신 한국 사람이시죠?
나 영: 맞아요. 저는 한국 사람이에요.
중국인: 당신은 중국에 여행가는 거예요 아니면
　　　　　유학 가는 거예요?
나 영: 저는 중문과 학생이에요. 이번에 중국에 유학
　　　　　가요. 저는 1년 공부할 계획이에요.
중국인: 당신은 중국어를 매우 잘하네요.
　　　　　더 배울 필요 없겠어요.
나 영: 잘한다고 말할 정도는 아니지만 조금은
　　　　　말할 줄 알아요.
중국인: 중국에서 있는 1년 동안 당신은 반드시 많이
　　　　　향상 될 거예요. 행운이 있길 바라요.
나 영: 감사합니다!

연습문제

1. 娜英现在在什么地方?
   她要去什么地方, 做什么?
   娜英现在在飞机上, 她要去中国留学。

2. 那个中国人是怎么样夸娜英的?
   那个中国人夸娜英的汉语说得很好。

娜英到中国去留学。在飞机上, **娜英正在看书。** 坐在娜英旁边的是一个中国人, **他看出来娜英是韩国人**, 就和娜英聊了一会儿。**那个中国人夸娜英的汉语说得很好**, 娜英听了很高兴。**马上就要到北京了**, 娜英往窗户外面看, **已经可以看到下面的土地。** 娜英对自己说, 我已经到了中国了。

나영이는 중국에 유학하러 갑니다. 비행기에서 나영이는 책을 보고 있습니다. 나영이 옆에는 중국인 한 명이 앉아 있는데, 그는 나영이가 한국인인 것을 알아보고 나영이와 잠시 동안 이야기를 나누었습니다. 그 중국인이 나영이가 중국어를 잘 한다고 칭찬하자, 나영이는 듣고 무척 기분이 좋았습니다. 북경에 곧 도착하려 할 때, 나영이가 창 밖을 바라보자 이미 아래쪽의 땅이 보였습니다. 나영이는 '나 벌써 중국에 도착했어.'라고 자신에게 말했습니다.

02

회화해석

나 영: 죄송한데요, 말씀 좀 여쭙겠습니다.
　　　　　제가 어디에 가서 짐을 찾아야 하나요?
중국인: 세관을 나가셔서, 앞쪽으로 가서 찾으시면 됩니다.
나 영: 짐은 대략 언제쯤 나오죠?
중국인: 아마도 30분 정도면 될 거예요.
나 영: 고맙습니다.
중국인: 뭘요, 별거 아니에요.

연습문제

1. 娜英想, 到了中国如果有不知道的, 应该怎么做?
   娜英心里想, 如果不知道, 最好的办法就是问别人。

2. 行李出来之前, 大概要等多长时间?
   只要等30分钟就可以了。

出了海关, 娜英不知道应该到哪里去取行李。因为是第一次到中国, 所以有很多事情娜英都不知道。娜英心里想, 如果不知道, **最好的办法就是问别人。** 所以娜英问旁边的中国人, 应该怎么办。**那个人很亲切地告诉了她。** 听说只要等30分钟就可以了, **娜英就放心了。**

세관에서 나와서, 나영이는 어디로 가서 짐을 찾아야 할지 몰랐습니다. 중국에 처음 왔기 때문에 나영이는 많은 일들을 알지 못했습니다.
나영이는 마음속으로, '만약에 모른다면, 가장 좋은 방법은 다른 사람에게 묻는거야'라고 생각했습니다. 그래서 나영이는 옆에 있는 중국인에게 어떻게 해야 할지 물었습니다. 그 사람은 친절하게 나영이에게 알려주었습니다. 30분만 기다리면 된다는 말을 듣고서 나영이는 곧 안심했습니다.

03

회화해석

나 영: 안녕하세요? 전 한국에서 왔어요, 나영이라고 해요.
당신은 어디에서 왔나요?

방 짝: 당신이 바로 제 새로운 방짝이군요.
전 일본인이에요.
오셔서 반가워요. 전 후까다(深田)라고 해요.

나 영: 만나게 되어 기뻐요. 당신도 새로 온 학생인가요?

방 짝: 아니요. 전 여기에 온지 이미 6개월이나 되었어요.

나 영: 앞으로 많이 도와주세요.

방 짝: 무슨 말씀을요. 우리 서로 돕도록 하죠.
먼저 좀 쉬세요. 우리 이후에 다시 얘기해요.

나 영: 좋아요.

연습문제

1. 娜英的新同屋是什么人?
   娜英的新同屋是一个日本女孩,
   她已经在这里学习了半年了。

2. 她为什么让娜英先休息一会儿?
   因为娜英刚到中国, 一路上一定很累。

拿到了宿舍的钥匙, 娜英来到了203房间。这是个双人房, 除了娜英, 还有一个日本女孩也住在这里。今天第一次见面, 两个人互相介绍了一下自己。她的同屋是日本女孩, 她不是新来的, 她已经在这里学习了半年左右了。因为娜英一路上一定很累, 所以同屋让她先休息一会儿。

기숙사의 열쇠를 받아서 나영이는 203호실로 갔습니다. 이 방은 2인실이라서 나영이 이외에 한명의 일본 여자도 이곳에 삽니다. 오늘 처음 만나는데 둘은 서로 자기 소개를 했습니다. 그녀의 방짝은 일본 여자인데, 그녀는 새로 온 사람이 아니라 이미 여기서 6개월가량 공부했습니다. 나영이가 오는 길에 분명히 매우 피곤했을것이기 때문에, 방짝은 나영이를 먼저 좀 쉬라고 했습니다.

04

회화해석

명 호: 오늘 처음으로 수업을 했는데, 느낌이 어땠어?

나 영: 내 청취능력이 별로 좋지 않아서 어떤 것은 들어서 이해가 안 돼.
그렇지만 난 따라갈 수 있어.

명 호: 나도 조금 힘들어. 천천히 하는 거지 뭐.

나 영: 그런데 수업할 때 긴장되서 죽겠어.

명 호: 왜 그래?

나 영: 선생님이 나한테 문제를 물어보시면 나는 긴장되서 말이 안 나와.

명 호: 외국어를 공부하려면 얼굴이 두꺼워야 돼.
두려워하지마.

연습문제

1. 第一天上课, 老师问娜英问题, 她回答出来了吗?
   娜英回答不出来。

2. 同学是怎样安慰娜英的?
   同学说, 有点儿难没关系, 以后慢慢就会好的。

第一天上课, 娜英感觉有点儿紧张。上课的内容, 对娜英来说有点儿难。而且老师问她问题, 她都回答不出来。同班的同学安慰她说, 有点儿难没关系, 以后慢慢就会好的, 而且不要害怕说话。

수업 첫날 나영이는 좀 긴장이 됐습니다. 수업 내용이 나영이에게는 좀 어려웠습니다. 게다가 선생님이 나영이게 질문하시면 나영이는 대답하지 못했습니다. 같은반 친구는 나영이를 위로하며 "좀 어려워도 상관없어, 나중엔 천천히 괜찮아 질거야. 또 말하는 것을 두려워하지마."라고 말했습니다.

05

회화해석

방 짝: 너는 하루에 몇 시간 수업 듣니?

나 영: 나는 하루에 4시간씩 들어.
청취, 구어, 독해, 신문, 전부 4과목이야.

방 짝: 너는 어떤 과목을 제일 좋아하니?

나 영: 구어수업. 말하는 기회가 가장 많기 때문이야.

방 짝: 많이 말해야지만 비로소 향상할 수 있어.

나 영: 8시에 수업하는 건 나한테 좀 힘들어.

방 짝: 나도 그래. 속담에서 그러길,
하다보면 자연스럽게 습관이 된다잖아.

나 영: 나는 아침에 늦잠 자는 거 좋아하는데,
아쉽게도 지금은 잘 수가 없어.

연습문제

1. 娜英最喜欢什么课? 为什么?
娜英最喜欢口语课, 因为有很多机会说话。

2. 娜英有什么不适应的?
早上要很早起床上课, 娜英有点不适应。

在这所大学里, 娜英每天要上4节课, 从8点开始。娜英最喜欢的就是口语课, 可以有很多机会说话。可是, 早上要很早起床去上课, 娜英不能适应。在韩国的时候, 早上可以睡懒觉, 可惜现在不行了。娜英想, 只要习惯了就没问题了。

이 대학에서 나영이는 매일 4시간의 수업을 들어야 하는데, 수업은 8시부터 시작합니다. 나영이가 가장 좋아하는 수업은 구어 수업인데 말할기회가 많이 있습니다. 하지만 아침에 매우 일찍 일어나 수업들으러 가는 것에 나영이는 적응할 수가 없습니다. 한국에 있을 때는 아침에 늦잠을 잘 수 있었는데 안타깝게도 지금은 그럴수가 없게 됐습니다. 나영이는 '습관이 되기만 하면 괜찮겠지'라고 생각했습니다.

회화해석

나 영: 안녕하세요? 로로 친구 성공 이지요?

성 공: 안녕하세요. 만나 뵙게 되서 반가워요.

나 영: 저도 만나 뵙게 되서 반가워요.
로로한테 얘기 많이 들었어요.

성 공: 어 그래요? 혹시 제 나쁜 얘기한 건 아니겠죠?

나 영: 아니예요. 친한 친구라고 그러던데요.

성 공: 예, 우린 사이가 아주 좋아요.

나 영: 우리들 언제부터 수업 시작 할까요?

성 공: 다음주 월요일 괜찮아요?

나 영: 문제없어요. 그럼 그렇게 하기로 해요.

연습문제

1. 娜英的新辅导老师是谁?
娜英的新辅导老师叫成功, 她是路路的朋友。

2. 他们打算从什么时候开始上课?
他们打算从下个星期一开始上课。

娜英的朋友路路给她介绍了一个辅导老师, 今天第一次见面。娜英的新辅导老师叫成功, 他是路路的朋友。娜英觉得成功还可以。他们商量了一下, 从下个星期一开始上课。送走了成功, 娜英开始期待她的第一次辅导课。

나영이의 친구 로로가 나영이에게 과외 선생님을 소개해 줬는데 오늘 처음으로 만났습니다. 나영이의 새 과외 선생님은 성공이라고 하는데 그는 로로의 친구입니다. 나영이는 성공이가 그런대로 괜찮은 것 같다고 생각했습니다. 그들은 다음주 월요일부터 수업하기로 상의했습니다.
성공이를 배웅하고서 나영이는 첫번째 과외 수업을 기대하기 시작했습니다.

회화해석

나 영: 천안문에 가는데 몇 번 버스를 타야 돼?

명 호: 23번 버스를 타야만 한다고 하던데.

나 영: 버스를 타고 얼마나 가야 해?

명 호: 대략 20분 정도면 될 거야.

　　　마침 한 대가 오네, 우리 차에 타자.

나 영: 차 안에 사람이 정말 많네, 붐벼 죽겠어.

명 호: 잠시만 참아. 조금 있으면 도착 할거야.

연습문제

1. 去天安门坐什么车? 需要多长时间?

　去天安门坐23路车, 需要20分钟左右。

2. 上了车, 娜英为什么后悔?

　公共汽车里人很多, 如果坐出租车就好了。

娜英和同学打算坐公共汽车去天安门。出发之前, 他们问过别的同学, 去天安门应该坐23路公共汽车。虽然去天安门只需要20分钟, 可是今天车里的人很多, 特别拥挤。上了车, 娜英有点儿后悔, 应该坐出租车就好了。

나영이와 친구는 버스를 타고 천안문에 가려고 합니다. 출발전에 그들은 다른 친구에게 물어봤는데, 천안문에 가려면 23번 버스를 타야한다고 했습니다. 비록 천안문에 가는데 20분밖에 안 걸리지만 오늘은 차안에 사람이 무척 많아서 특히 붐볐습니다. 버스에 오른 후 나영이는 '택시를 탔으면 좋았을걸' 하고 좀 후회했습니다.

08

회화해석

나 영: 말씀 좀 여쭙겠습니다.

　　　천안문까지 가는데 얼마짜리 표를 사야 하나요?

안내원: 3위안짜리요. 몇 장 살 거예요?

나 영: 두장이요. 저희가 잔돈이 없는데 100위안짜리

　　　거슬러 줄 수 있나요?

안내원: 거슬러 드릴 수 없겠는데요.

나 영: 그래요?

　　　그럼 제가 다시 한번 잔돈이 있나 찾아 보죠.

　　　더 좀 여쭤볼게요. 천안문까지 몇 정거장 남았나요?

안내원: 아직 일곱 정거장 남았어요.

나 영: 도착할 때 저희한테 말씀 좀 해주실 수 있으세요?

안내원: 좋아요.

연습문제

1. 他们拿100块钱买票, 售票员说什么?

　售票员说找不开100块。

2. 他们不知道在哪里下车, 有什么办法?

　他们请售票员帮忙告诉她们在哪里下车。

今天娜英和朋友要去天安门。为了省钱, 他们坐公共汽车去。可是他们好像没带零钱, 坐车的时候遇到了一点儿麻烦。售票员找不开100块, 他们只好再找找看。他们是第一次去天安门, 不知道应该在哪里下车, 所以他们请售票员帮忙告诉他们。

오늘은 나영이와 친구가 천안문에 가려고 합니다. 돈을 아끼기 위해 그들은 버스를 타고 갑니다. 하지만 잔돈을 챙기지 않아서 차를 탈 때 약간의 번거로움을 겪었습니다. 표를 파는 안내원이 100위안 짜리를 거슬러 줄수 없어서 그들은 다시 찾아 볼 수 밖에 없었습니다. 그들은 천안문에 처음 가는 거라 어디에서 내려야 할지 몰라서 안내원에게 알려달라고 부탁했습니다.

09

09

회화해석

기 사: 안녕하세요, 어디까지 가세요?

나 영: 북사대로 가주세요, 저는 유학생 기숙사에 삽니다.

기 사: 알겠습니다!

(차가 학교입구 가까이 도착한다)

기 사: 북사대에 도착했어요.
    교문에 들어가서 어떻게 가야 하죠?

나 영: 곧장 앞으로 가세요. 앞으로 가셔서 커브길을 돌면
    바로 유학생 기숙사예요. 길가에 세워주시면 돼요.

기 사: 전부 39위안 입니다.

나 영: 감사합니다. 여기 40위안이요. 잔돈은 필요 없어요.

기 사: 감사합니다. 안녕히 가세요.

연습문제

1. 进了校门, 留学生宿舍应该怎么走?
   到前边一拐就是。

2. 商场离学校远吗? 车费需要多少钱?
   有点儿远, 车费需要39块钱。

在商场买完了东西, 娜英打算坐出租车回学校。进了校门, 出租车司机不知道留学生宿舍在哪里, 娜英告诉他前边一拐就是。商场离学校有点儿远, 打车回来要39块钱, 可娜英觉得一点儿都不贵, 所以娜英对司机说不用找钱了。

쇼핑센터에서 물건을 다 사고 나서 나영이는 택시를 타고 학교로 돌아갈 겁니다. 교문에 들어선 후 택시 기사가 유학생기숙사가 어디있는지 잘 모르자 나영이가 그에게 앞으로 가서 커브길을 돌면 바로라고 알려줬습니다.
쇼핑센터는 학교에서 좀 멀어서 택시타고 돌아오는데 39위안이 들었지만 나영이는 조금도 비싸지 않다고 생각이 들어서 기사에게 잔돈을 거슬러줄 필요 없다고 말했습니다.

10

10

회화해석

나 영: 오늘 우리 이화원 가는데 미니 버스 타고 가자.

명 호: 우리 그냥 버스 타고 가자.

나 영: 왜? 미니 버스는 무척 편리해. 손 만 들면 바로 세워
    주고, 아무 곳에서나 내릴 수도 있어.

명 호: 미니 버스는 붐비고 천장이 낮아서 난 미니 버스
    타면 좀 멀미나.

나 영: 그렇구나. 하지만 버스타면 다시 갈아 타야만 해.
    그럼 얼마나 번거롭니.

명 호: 그래? 그럼 네 말대로 하자.

연습문제

1. 娜英想坐什么车? 为什么?
   娜英想坐小公共汽车, 因为很方便。

2. 坐公共汽车为什么麻烦?
   坐公共汽车要换车。

娜英听说颐和园的景色很美, 就找她的同学和她一起去。娜英想坐小公共汽车, 因为很方便。可是她的同学不喜欢坐小公共汽车。如果坐公共汽车要换车, 有点儿麻烦, 所以她们最后还是决定坐小公共。

나영이는 이화원의 풍경이 아름답다는 말을 듣고학교 반친구와 함께 갔습니다. 나영이는 미니버스를 타고 싶었는데 왜냐하면 무척 편리하기 때문입니다. 하지만 반친구는 미니버스를 타는 것을 좋아하지 않습니다. 일반버스를 타서 갈아타야 한다면 좀 번거롭기 때문에 그들은 결국에는 그래도 미니버스를 타기로 결정했습니다.

11

회화해석

종업원: 어서 오세요, 두 분이세요? 뭘 드시겠어요?

나 영: 메뉴판을 가져다 좀 보여주시겠어요?

종업원: 여기요.

나 영: 마파두부 1인분이랑 위샹로우쓰 1인분 작은 접시로 주세요. 너무 많아서 다 못 먹을까봐요.

종업원: 알겠습니다, 또 다른 것을 원하십니까?

나 영: 또 밥 두 공기 주세요, 이렇게 하지요. 밥을 먼저 갖다 주세요, 되죠?

종업원: 조금만 기다리세요. 곧 갖다 드릴게요.

연습문제

1. 娜英和同学点了什么菜?

   她们点了麻婆豆腐和鱼香肉丝。

2. 她们为什么要了小盘的?

   因为她们怕太多吃不了。

娜英和同学今天第一次去颐和园, 他们觉得那儿的建筑很漂亮。所以他们想把美丽的景色都拍下来, 照了很多照片。娜英和同学转完颐和园以后, 中午肚子饿了, 就到一家饭店吃点儿东西。娜英喜欢吃麻婆豆腐和鱼香肉丝。她们担心菜太多吃不了, 就点了小盘的。走了一上午, 娜英很饿, 就让服务员先上米饭, 先吃一点儿。

나영이와 반친구는 오늘 처음으로 이화원에 갔습니다. 그들은 그곳의 건축물이 매우 아름답다고 느꼈습니다. 그래서 그들은 아름다운 풍경을 모두 사진으로 찍어두고 싶었습니다.그래서 사진을 많이 찍었습니다.
나영이랑 반친구는 이화원을 둘러본 후 점심에 배가 고파서 바로 한 음식점에 가서 음식을 먹었습니다. 나영이는 마파두부와 위샹로우쓰를 좋아합니다. 그들은 요리가 너무 많아서 다 못 먹을까봐 작은 접시로 주문했습니다. 오전 내내 돌아다녀서 나영이는 무척 배가 고팠습니다. 나영이는 종업원에게 먼저 밥을 갖다 달라고 해서 먼저 좀 먹었습니다.

12

회화해석

명 호: 음식 맛이 어때?

나 영: 꽤 괜찮긴 한데, 단지 조금 느끼해.

명 호: 그래? 내가 생각하기에 중국음식은 내 입맛에 매우 잘 맞는 것 같아.
내가 생각하기에 모두 매우 맛있어.

나 영: 보아하니 너는 중국음식이 잘 맞는 것 같다.

명 호: 아마도 그런 것 같아.

나 영: 중국 음식이 맛있기는 맛있는데, 근데 김치가 없다면 나는 아무래도 밥을 먹은 것 같지가 않아.

명 호: 그러면 넌 나중엔 밥 먹을 때 김치 가져와.

연습문제

1. 娜英觉得菜的味道怎么样?

   有点儿腻, 还有点儿咸。

2. 这个时候娜英最想吃什么?

   这个时候娜英最想吃泡菜。

菜很快就上来了, 两个人都饿了, 所以马上就开始吃了。娜英的同学很喜欢菜的味道, 可是娜英觉得有点儿腻, 还有点儿咸。同学说这就是北方菜的特点。他说他已经吃惯了中国菜, 不觉得有多咸。可是娜英觉得如果吃饭的时候没有泡菜, 就不好吃了。这个时候娜英非常怀念妈妈做的泡菜。

음식은 곧 나왔고 둘 다 배가 고파서 바로 먹기 시작했습니다. 나영이의 친구는 음식 맛을 좋아했지만 나영이는 조금 느끼하고 또 짜다고 느꼈습니다.
친구는 이것이 바로 북방음식의 특징이라고 말했습니다. 친구는 이미 중국음식에 익숙해져서 짜다고 생각되지 않는다고 말했습니다. 하지만 나영이는 만일 밥먹을 때 김치가 없다면 맛이 없다고 느꼈습니다. 이 때 나영이는 엄마가 만든 김치가 굉장히 그리웠습니다.

13

회화해석

나 영: 어떻게 이렇게 많이 차리셨어요?

선생님: 그래? 많이 만들었으니 네가 많이 먹어. 남기지 마.

나 영: 이 음식들은 분명히 맛있을 거 같아요.

선생님: 중국음식은 색깔, 냄새, 맛이 골고루 다 갖춰져 있는 것을 중시해. 모양만 예뻐서는 안되고 맛도 좋아야 해.

나 영: 오늘 저는 정말 먹을 복이 터졌네요. 모두 제가 좋아하는 거예요.

선생님: 그래? 너무 잘됐다. 그럼 너 예의 차리지 말고 많이 먹어.

연습문제

1. 娜英和同学们去哪里做什么？

   他们去老师家做客。

2. 老师做的菜很好吃，所以娜英想干什么？

   娜英想跟老师学做中国菜。

娜英的老师邀请娜英和同学们到她家去做客。老师做了很多菜，看起来都很好吃。这些菜都是娜英喜欢吃的，所以今天娜英要多吃一些。娜英尝了一下，觉得比饭店里做的好吃多了。娜英觉得老师的手艺很不错，所以想跟老师学做中国菜。

나영이의 선생님이 나영이와 친구들을 그녀의 집으로 초대했습니다. 선생님은 많은 음식을 만들었는데 모두 맛있어 보였습니다. 이 음식들은 모두 나영이가 좋아하는 것이라서 오늘 나영이는 좀 더 많이 먹기로 했습니다. 나영이는 맛을 보고는 음식점보다 더 맛있게 만들었다고 생각했습니다.
나영이는 선생님의 솜씨가 좋다고 생각했고 그래서 선생님에게 중국음식을 배우고 싶었습니다.

14

회화해석

나 영: 나 북경 특색이 있는 음식을 먹고 싶어. 네가 추천 좀 해줘.

방 짝: 너 북경 오리구이 먹어본 적 있니?

나 영: 아직 못 먹어 봤어.

방 짝: 그럼 오늘 내가 너를 데리고 가서 먹도록 하지. 북경에 와서 오리구이를 먹지 않는다면 그건 너무 안타까운 일이야.

나 영: 우리 어디 가서 먹지?

방 짝: 취엔쥐더의 오리구이가 가장 유명해.

나 영: 거기 오리구이가 그렇게 맛있어?

방 짝: 당연하지. 아마도 네가 먹어보면 잊지 못할 거야.

연습문제

1. 同屋推荐了什么菜？

   朋友推荐了北京烤鸭。

2. 她们要去什么地方吃？

   她们要去全聚德吃。

来到北京已经一个多月了，娜英还没有吃到有北京特色的东西。她的同屋推荐了北京烤鸭，这是最有北京特色的菜。在北京，最有名的烤鸭店是全聚德，所以她们决定去全聚德吃烤鸭。

북경에 온지 이미 한달 좀 넘었는데 나영이는 아직도 북경특색의 요리를 맛보지 못했습니다. 나영이의 방짝이 북경오리구이를 추천했는데 이것은 가장 북경의 특색이 있는 요리입니다. 북경에서 가장 유명한 오리구이음식점은 취엔쥐더여서 그들은 취엔쥐더에 가서 오리구이를 먹기로 했습니다.

15

회화해석

나 영: 너 뭘 그렇게 바쁘게 하고 있어?

방 짝: 나 숙제 하고 있어,
선생님이 내주신 숙제가 매우 많아.

나 영: 나 너한테 커피 마시러 가자고 하고 싶은데
너 시간 좀 낼 수 있니?

방 짝: 아마 오늘은 안 될 것 같아. 다음에 가자.

나 영: 커피 다 마시고 나서 하면 안돼?

방 짝: 안돼, 나 막 시작했어. 미안해.

나 영: 알았어. 그럼 더 방해하지 않을게.
그럼 나 갈게.

연습문제

1. 同屋为什么不能陪娜英去喝咖啡?
   同屋今天有很多作业, 她一定要先写作业。

2. 同屋不能去, 娜英只好怎样做了?
   娜英只好找别的同学去了。

娜英突然想喝咖啡, 就叫同屋一起去。可是同屋说今天有很多作业, 一定要先写作业, 不能陪娜英喝咖啡。娜英让同屋抽点时间, 可是同屋说一定要先写作业, 娜英也没办法, 只好找别的同学去了。

나영이는 갑자기 커피가 마시고 싶어서 방짝에게 같이 가자고 했습니다. 하지만 방짝은 오늘 숙제가 많아서 꼭 숙제를 먼저 해야 하기 때문에 나영이와 커피마시러 갈 수 없다고 말했습니다. 나영이는 방짝에게 시간을 좀 내라고 했지만 방짝은 꼭 숙제를 먼저 해야 한다고 말해서 나영이도 어쩔 수 없이 다른 친구를 찾으러 갈 수밖에 없었습니다.

16

회화해석

나 영: 아저씨, 제 자전거에 문제가 좀 있어요.
수리해 주실 수 있으세요?

아저씨: 어디 보죠. 바람이 새서 그런거였군요.
작은 고장이에요. 때우면 괜찮아요.

나 영: 이거 때울 수 있어요? 바퀴를 갈 필요는 없나요?

아저씨: 그럴 필요 없어요.
바퀴가 찢어지는 건 흔한 일이에요.

나 영: 고치는데 얼마나 걸려요?

아저씨: 지금은 사람이 너무 많아서 금방은 못 고칠 것
같네요. 한시간 이후에 찾으러 올 수 있나요?

나 영: 전 상관없어요. 어차피 급하지 않아요.

연습문제

1. 娜英的自行车出了什么问题?
   娜英的自行车车胎被扎漏了。

2. 师傅说要一个小时, 所以娜英决定怎样做?
   娜英决定先去图书馆, 然后再来取自行车。

娜英要去图书馆借一本书, 在去图书馆的路上, 自行车的车胎被扎漏了。娜英推着车来到了修车的地方。修车铺那里人挺多的。娜英站在那里排队等, 轮到娜英了, 她让修车的师傅看一下自己的自行车。修车师傅说可能要一个小时, 所以娜英决定先去图书馆, 然后再来取自行车。

나영이는 도서관에 가서 책 한권을 빌리려는데 도서관으로 가는 길에 자전거 바퀴가 구멍났습니다. 나영이는 자전거를 밀어서 자전거 수리하는 곳에 도착했습니다. 자전거 수리점에는 사람이 매우 많았습니다. 나영이는 그곳에서 줄을 서서 기다렸는데 나영이 차례가 되자 자전거 수리를 하는 아저씨에게 자기의 자전거를 보여주었습니다. 아저씨가 아마도 한 시간이 걸릴 것 같다고 해서 나영이는 먼저 도서관에 갔다 나중에 다시 와서 자전거를 찾기로 했습니다.

회화해석

나 영: 나 중국에 온지 벌써 몇 달이 되었는데 어떨 땐 도로에 자전거를 타고 나가기 겁나.

성 공: 왜?

나 영: 지난번에 다른 사람과 하마터면 부딪힐 뻔 했어. 너무 위험해.

성 공: 네가 천천히 몰면 되잖아.

나 영: 어떤 사람은 날듯이 자전거를 타. 피하고 싶어도 피할 수 없다니까.

성 공: 네 자전거 타는 기술이 중국인 만큼 좋지 않아서 그런거야. 등 뒤에 '초보 운전' 이라고 쓴 종이를 붙이는 게 어때?

나 영: 나 놀리지마.

연습문제

1. 娜英为什么害怕到马路上骑自行车?
   上次, 娜英骑车差点儿和别人撞上了。

2. 朋友怎样开娜英的玩笑?
   朋友让娜英在后背贴一张纸, 写上 "新手上路"。

前些天, 娜英骑车去校外, 差一点儿和别人撞上了。现在娜英非常害怕到马路上骑自行车。虽然娜英骑得不快, 但是别的人都骑得很快。好像中国人骑车的技术都很好。娜英的中国朋友开玩笑说, 让娜英在后背贴一张纸, 写上 "新手上路"。

며칠 전 나영이는 자전거를 타고 학교 밖으로 나가다가 하마터면 다른 사람과 부딪힐 뻔 했습니다. 지금 나영이는 큰길에서 자전거 타는 것을 무척 두려워합니다. 나영이는 비록 자전거를 천천히 타지만 다른 사람들은 모두 매우 빠르게 탑니다. 아마도 중국 사람들은 자전거 타는 기술이 모두 뛰어난 것 같습니다. 나영이의 중국 친구는 농담으로 나영이에게 등 뒤에 '초보 운전' 이라고 쓴 종이를 붙이고 다니라고 말했습니다.

회화해석

나 영: 나 방금 너희 기숙사를 지나다가 올라와서 널 보고 싶어서 왔어. 여긴 왜 이렇게 조용하니?

로 로: 점심을 먹고나서 잠깐 눈 좀 붙이거든. 중국인들은 낮잠을 자는 습관이 있어.

나 영: 어쩐지 기숙사가 이렇게 조용하더라. 너도 낮잠 자는 습관이 있니?

로 로: 난 낮잠을 자지 않으면 오후 내내 기운이 없어.

나 영: 우리 나가서 얘기하자. 다른 사람들 깨우겠다.

연습문제

1. 上楼的时候, 娜英为什么感到很奇怪?
   楼里平时都比较吵闹, 但是今天非常安静。

2. 睡午觉对中国人来说, 有什么意义?
   午睡对中国人来说, 就像一日三餐一样, 不可缺少。

中午吃完了饭, 娜英在回宿舍的路上, 突然想去朋友的宿舍看看她。上楼的时候, 宿舍里非常安静。娜英感觉很奇怪, 平时这里都比较吵闹。到了朋友的房间里才知道, 原来学生们在睡午觉。路路说午睡对中国人来说, 就像一日三餐一样, 不可缺少。

나영이는 점심을 먹고 기숙사로 돌아가는 길에 갑자기 친구의 기숙사로 가서 친구를 만나고 싶어졌습니다. 계단을 올라갈 때 기숙사 안이 아주 조용했습니다. 나영이는 느낌이 이상했는데 이곳이 평소에는 비교적 소란스럽기 때문입니다. 친구의 방에 도착해서야 학생들이 낮잠을 자고 있다는 것을 알게 되었습니다. 로로는 낮잠자는 것이 중국인들에게 마치 하루 세끼를 먹는 것과 같이 부족해서는 안되는 일이라고 말했습니다.

19

회화해석

로 로: 경기가 곧 시작할 거야. 텔레비전 켜봐.

나 영: 아직 시간이 되지 않았잖아. 다급해 하기는.

로 로: 축구 경기가 있기만 하면 난 꼭 봐야 해.

　　　 보지 않으면 보고 싶어 못 견디겠어.

나 영: 너 정말 광적인 축구팬이구나.

로 로: 나는 축구 경기를 보는 것 외에는 다른 취미가 없어.

나 영: 경기 시작됐다. 너 응원 할 준비 해.

연습문제

1. 路路为什么经常到娜英宿舍来?

　 路路的宿舍里没有电视, 所以有球赛的时候,

　 就会到娜英的房间里来看。

2. 今天路路为什么很早就来了?

　 今天有一场重要的足球赛。

娜英的朋友路路是个球迷, 她宿舍里没有电视, 所以有球赛的时候, 就会到娜英的房间里来看。今天有一场重要的足球赛, 时间还没到, 路路很早就来到娜英的宿舍, 坐在椅子上等球赛开始。

나영이의 친구 로로는 축구팬인데 그녀의 기숙사에는 텔레비전이 없어서 축구 경기가 있을 때에는 나영이 방에 가서 봅니다. 오늘은 중요한 축구 경기가 있는데 시간이 아직 되지 않았지만 로로는 일찍부터 나영이네 기숙사에 와서 의자에 앉아 축구 경기가 시작되길 기다립니다.

20

회화해석

나 영: 너 주량이 세구나. 정말 술고래야.

성 공: 아니야. 난 단지 좀 잘 마시는 것뿐이야.

나 영: 내 생각에 중국 술은 도수가 높은 것 같아.

성 공: 꼭 그렇지는 않아. 어떤 술은 도수가 낮아.

나 영: 나 술을 선물 하려고 하는데 어떤 술이 좋을까?

성 공: 어떤 좋은 술은 매우 비싸. 예를 들어 마오타이 주가 있는데 아마 5, 6백위안 할거야.

나 영: 그렇게 비싼 술이 있니? 난 비싸서 못 사.

성 공: 그럼 그냥 얼궈터우를 사. 한 병에 10위안 이야.

연습문제

1. 中国酒有什么特点?

　 中国酒度数很高。

2. 娜英准备送朋友什么礼物? 她已经决定了吗?

　 娜英准备送给朋友一瓶酒, 可是送什么样的酒,

　 娜英还没有想好。

在韩国, 娜英喝过的酒度数都很小。来中国以后, 娜英发现中国酒度数很高, 而且听说中国人喜欢送酒当礼物。周末娜英要去朋友家做客, 她准备送给朋友一瓶酒, 可是送什么样的酒, 娜英还没有想好。所以让成功推荐比较好的中国酒。

한국에서 나영이가 마셔본 술들은 도수가 모두 낮은 것이었습니다. 중국에 온 이후 나영이는 중국 술의 도수가 매우 높다는 것을 알게 되었고 또 중국 사람들이 술을 선물로 보내는 것을 좋아한다고 들었습니다. 주말에 나영이는 친구 집에 손님으로 초대되자 친구에게 술 한병을 선물하려고 합니다. 하지만 어떤 술을 선물 해야 할지 아직 정하지 못했습니다. 그래서 성공이에게 비교적 좋은 중국 술을 추천해 달라고 했습니다.

新HSK 고득점을 위한 완벽대비 프로젝트

전공략 新HSK 시리즈

新HSK 종합서의 결정판
전공략 新HSK 두달에 급수 따기 시리즈

➡ 新HSK 출제 경향 완벽 분석
➡ 시험 경향에 바탕을 둔 풍부한 예제
➡ 체계적인 학습 프로그램 제공
➡ 新HSK 전문가의 공략 비법 제시

➡ 문제 유형별 빈출 어휘 비법 노트에 정리
➡ 실제 시험 난이도에 맞춘 실전모의고사
➡ 핵심을 짚어주는 해설집 제공
➡ 급수별 만점 단어 수록

전공략 新HSK
두달에 3급 따기
구성 본책+해설서+실전모의고사 1회
+MP3 CD 1장+만점단어 600
저자 김지현

전공략 新HSK
두달에 4급 따기
구성 본책+해설서+실전모의고사 1회
+MP3 CD 1장+만점단어 1200
저자 김미나

전공략 新HSK
두달에 5급 따기
구성 본책+해설서+실전모의고사 1회
+MP3 CD 1장+만점단어 1300
저자 장미라

전공략 新HSK
두달에 6급 따기
구성 본책+해설서+실전모의고사 1회
+MP3 CD 1장+만점단어 1500
저자 차오진옌 | 번역 박정순 · 권연은

전공략 新HSK VOCA 시리즈

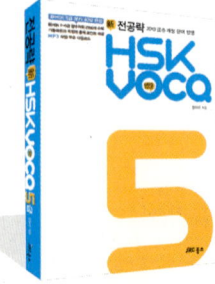

新HSK 급수별 VOCA 40일 완성

◆ HSK 급수별 필수어휘 2500개 완전 정복
◆ 수준에 맞는 맞춤형 학습 가능
◆ HSK 시험에 자주 출제되는 기출 예문 수록
◆ HSK 족집게 출제 포인트 수록
◆ HSK 필수 관용어와 사자성어 수록
◆ 확인학습과 학습 진도표를 통해 실력 점검
◆ 실제 HSK 시험과 같은 MP3 다운로드

전공략 新HSK VOCA 5급
장미라 지음 | 신국판 | 620쪽 | 19,800원
(MP3 무료 다운로드)
 무료 MP3 Download

전공략 新HSK 6급 VOCA
메이화 지음 | 신국판 | 600쪽 | 19,800원
(MP3 별매)
 유료 MP3 Download

중국어교육 부문 8년(2007-2014)

연속 1위!
사이버 JRC

www.cyberJRC.com

ONE PASS

전강좌 자유 수강

JRC의 사이버 강의는?

**재수강률 및
신규 방문자 1위**

**대기업 직장인
수강률 1위**

**저자 직강 콘텐츠 100%
(외부 콘텐츠 無)**

**모바일 및 PC에
최적화된 강의**

(모바일/PC 다운로드 1위)

원패스란?

사이버 JRC 의 전 강좌를 자유롭게 수강할 수 있는 JRC 만의 중국어 학습 자유이용권입니다.

HSK

중국어 어법

작문

구술

통번역

**원패스
(5,321강)**

어휘

중국어 회화

비즈니스

스크린

어린이 중국어

교재 집필, 교수 설계, 강의, 촬영 및 편집까지 **100% JRC 자체 제작 5,321강의!**

JRC는 타업체의 콘텐츠를 JRC의 콘텐츠로 포장하지 않습니다

원패스만의 특별한 4가지 혜택!

합격

**합격 보장 시스템
HSK 집중관리형 인강**

**전화중국어
무료 이용권 제공!**

궁금한 건 바로
중국인 선생님에게 물어보자!

**온라인 전 강좌
모바일 무료 이용**

**국내 최초 온 가족
학습 시스템**

(어린이~성인)

문의 02.567.3327